아르볼 생각나무

얼렁뚱땅 크리에이터 유튜브 나도 해 볼까?

ⓒ 최형미, 2019

1판 1쇄 발행 2019년 4월 5일 | **1판 4쇄 발행** 2020년 8월 20일

글 최형미 | **그림** 지영이
펴낸이 권준구 | **펴낸곳** (주)지학사
본부장 황홍규 | **편집** 문지연 김솔지 | **디자인** 이혜리
제작 김현정 이진형 강석준 방연주 | **마케팅** 송성만 손정빈 윤솔옥 이예현
등록 2010년 1월 29일(제313-2010-24호) | **주소** 서울시 마포구 신촌로6길 5
전화 02.330.5297 | **팩스** 02.3141.4488 | **이메일** arbolbooks@naver.com
ISBN 979-11-6204-051-5 73810
잘못된 책은 구입하신 곳에서 바꿔 드립니다.

이 도서의 국립중앙도서관 출판예정도서목록(CIP)은 서지정보유통지원시스템 홈페이지(http://seoji.nl.go.kr)와
국가자료종합목록 구축시스템(http://kolis-net.nl.go.kr)에서 이용하실 수 있습니다. (CIP제어번호 : CIP2019009939)

 **제조국** 대한민국　**사용연령** 8세 이상
KC마크는 이 제품이 공통안전기준에 적합하였음을 의미합니다.

 아르볼은 '나무'를 뜻하는 스페인어. 어린이들의 마음에
담긴 씨앗을 알찬 열매로 맺게 하는 나무가 되겠습니다.

홈페이지 www.jihak.co.kr/arb/book | **포스트** post.naver.com/arbolbooks

아르볼 생각나무

유튜브 나도 해 볼까?

얼렁뚱땅 크리에이터

글 최형미 | 그림 지영이

지학사아르볼

작가의 말

내가 만든 세계에 많은 사람들을 초대하고 싶나요?

혹시 유튜브 크리에이터를 꿈꾸고 있나요?

맛있는 음식을 먹으며 방송을 하거나 장난감을 재미있게 갖고 놀며 방송을 하고, 또 신나게 게임을 하며 방송을 하면서 많은 사람들에게 사랑도 받고 돈도 버는 직업이 유튜브 크리에이터라고 생각하나요?

유튜브는 많은 사람들에게 사랑받는 동영상 공유 사이트예요. 그리고 그곳에서 자신만의 방송을 만들어 활동하는 사람을 우리는 유튜브 크리에이터라고 부른답니다.

요즘 많은 어린이들이 유튜브 크리에이터가 되고 싶어 한다는 이야기를 들었어요. 자신만의 콘텐츠로 방송을 꾸려 나가는 유튜브 크리에이터는 매우 매력적인 직업이지요. 텔레비전에 나오는 연예인과는 또 다른 매력과 장점을 갖고 있으니까요.

하지만 텔레비전 방송처럼 많은 인원이 참여하여 만드는 방송이 아니기 때문에 유튜브 크리에이터로 성공하려면 많은 노력이 필요해요. 그런데 유튜

브 크리에이터를 꿈꾸는 대부분의 친구들이 그런 점은 보지 못하고 있는 것 같아요. 누구나 쉽게 유명해지고 돈을 벌 수 있다고만 생각하는 것 같거든요.

온종일 휴대 전화만 들여다보거나 유튜브 영상 보는 일에 열을 올리고 있지는 않나요? 혹시라도 유튜브 크리에이터로 성공하겠다고 공부도, 책 읽기도, 해야 하는 모든 일들을 미뤄 두고 있다면 이 점을 기억했으면 좋겠어요. 지금의 나에게 주어진 일들이야말로 멋진 나만의 세계를 만드는 데 가장 중요한 일이라는 것을요.

내가 만든 세계에 많은 사람들을 초대하고 싶다면 나만의 세계를 튼튼하고 단단하게 만들 필요가 있거든요. 그러기 위해서는 나만의 콘텐츠를 만들기 위한 노력이 필요하지요.

어떤 노력을 해야 하냐고요? 앞서 말한 것처럼 지금 나에게 주어진 일을 열심히 하는 것 말고 또 어떤 노력이 더 필요할까요? 궁금하다고요?

지금부터 얼렁뚱땅 크리에이터가 되려고 했던 서연이의 이야기를 들어 보아요.

지은이 최형미

차례

유튜브 그게 뭔데? 10
유튜브란?
유튜브는 다음, 네이버랑 뭐가 다를까?

나도 궁금해! 24
유튜브 크리에이터란?
유튜브 크리에이터와 연예인의 차이점은?

나도 할 수 있어! 38
유튜브 채널 만들기
1인 방송을 한다는 것은?

구독자 수 제로 52
구독자 수가 의미하는 것은?
라이브 방송이란?

약속은 언제나 중요해! 66

성공한 크리에이터들
유튜브에도 예절이 필요해!

지금이 중요해! 80

유튜브 크리에이터는 어떻게 돈을 벌까?
꾸준히 콘텐츠를 개발하려면?

어떤 일이든 열정이 중요해! 94

라이브 방송을 위한 준비
편집 프로그램 활용하기

내 세상에서도 중요한 것은 108

유튜브 크리에이터에게 중요한 것은?
유튜브 제대로 즐기기

등장인물

서연

초등학교 5학년 여자아이다. 책 읽는 것을 가장 좋아하고 무슨 일이든 똑 부러지게 하는 모범생이다. 항상 자신보다 뒤처진다고 생각했던 현수가 유튜브 크리에이터가 되었고, 돈도 벌었다는 소식에 기분이 이상해진다. 현수가 하는 거면 자기는 더 잘할 수 있다는 생각에 무작정 유튜브를 시작한다.

현수

서연이와 동갑인 사촌이다. 학원도 빼먹고 피시방에 갈 만큼 게임에 빠져서 엄마 아빠를 걱정시켰다. 직업 체험관에서 크리에이터 체험을 한 후, 그 매력에 빠져 본격적으로 유튜브를 시작했다. 게임 방송인 '수 TV'를 운영하는 유튜브 크리에이터다.

유갓

책도 쓴 유명한 유튜브 크리에이터다.
게임 방송을 시작으로 지금은 다양한 분야의 방송을
만들고 있다. 현수가 좋아하고 닮고 싶어 하는 멘토이다.

엄마

서연이의 엄마는 도서관에서 일한다.
유튜브든 게임이든 어떤 일에 관심을 가지고
궁금해하는 건 좋은 일이라고 생각한다.

고모

어릴 때부터 만화를 좋아하다 웹툰 작가가 되었다.
현수가 게임에만 빠져 있을 때에도 잔소리보다는
따뜻한 응원을 보낸 든든한 지원군이다.

유튜브 그게 뭔데?

현관문을 열자 고소한 냄새와 함께 웃음소리가 쏟아져 나왔다. 어, 그런데 전 냄새 속에 치킨 냄새가 섞여 있다. 이상하다. 제사상에 올리지 않는 치킨 냄새가 왜 날까?

"할머니, 저 왔어요."

이상한 게 또 있다. 할머니 댁에 오면 늘 작은 방에 틀어박혀 있던 현수 오빠, 아니 현수가 거실에서 할머니와 큰아빠, 큰엄마, 고모와 함께 치킨을 먹고 있다.

"아이고, 우리 서연이 왔나. 어서 와라."

"우리 공주, 오느라 고생 많았다."

언제나 그렇듯 할머니와 할아버지는 나만 보면 눈에서 하트가 뿅 쏟아져 나온다. 하긴 친척들 중 날

싫어할 사람이 어디 있을까? 나로 말할 것 같으면 하트 유발자에 기쁨 유발자 박서연이다. 부모님 말씀 잘 듣지, 공부 잘하지, 부지런하지, 상냥하지! 미워할 수가 없는 존재다.

　나는 박현수랑은 차원이 다르다. 박현수로 말할 것 같으면 편식 대장에 말 안 듣기, 말썽 부리기 대장에 게임 대장이다. 같은 나이인 내가 보기에도 저절로 눈살이 찌푸려지는 그런 아이다. 하지만 박현수는 공식적으로는 나의 사촌 오빠다. 큰아빠의 아들인 박현수가 나보다 몇 달 먼저 태어났기 때문에 서열상 오빠란다.

돈을 벌었다고?

　마음에 안 드는 것투성이지만 난 되도록 현수에게 오빠 대접을 해 주려고 노력한다. 하지만 일부러 내색하지 않아도 모든 면에서 내가 현수보다 뛰어난 것은 너무나 분명한 사실이다.
　"서연아, 이리 와서 치킨 먹어. 내가 사 온 거야."
　어! 박현수가 치킨을 사 왔다고? 용돈 받으면 게임 아이템 사기 바쁜 박현수가 웬일일까?
　"작은아빠, 작은엄마도 오세요. 작은엄마 좋아하시는 순살도 사 왔어요."
　점점 이상하다. 평상시의 박현수랑 달라도 너무 다르다. 마침 배가 고팠던 나는 냉큼 할머니 옆에 자리를 잡고 앉아 닭 다리를 하나 집어 들었다.
　"어머, 살다 보니 우리 현수가 사다 주는 치킨을 다 먹어 보네. 현수

무슨 좋은 일 있니?"

우리 엄마도 신기한 모양이었다.

"언니, 글쎄 현수가 돈을 벌었지 뭐예요. 그래서 오늘 치킨도 사고, 아버지 어머니 용돈도 드렸어요. 제 머리핀도 사 오고요."

"현수가 돈을 벌었다고요?"

고모의 말에 엄마와 내가 동시에 외쳤다. 어떻게 열두 살짜리가 돈을 벌었다는 걸까? 게다가 현수가 돈을 얼마나 벌었기에 치킨도 사고, 할아버지 할머니 용돈도 드리고 거기다 고모 선물까지 산 걸까? 나는 갑자기 입맛이 싹 사라져 버렸다. 그래서 먹고 있던 닭 다리를 내려놓았다.

"현수야, 네가 어떻게 돈을 벌었다는 거야? 혹시 잘못된 방법으로 번 것은 아니지?"

경찰인 아빠는 언제나 의심이 많다. 세상에는 우리가 모르는 범죄들이 많기 때문에 늘 의심하고 조심해야 한다고 당부한다. 게다가 작년에 할머니가 보이스 피싱에 당할 뻔한 이후로는 더 예민

해졌다.

"위험한 일 아니야. 그 뭐라더라, 맞다, 휴대 전화로 영상을 찍어 가지고 그걸로 돈을 벌었대."

웬일로 큰아빠가 나섰다. 큰아빠는 늘 말씀이 없고 조용한 편인데 말이다.

"혹시 게임 아이템 같은 걸 거래한 건 아니지? 잘못하면 위험한데."

아빠는 큰아빠의 설명에도 의심을 거두지 못했다.

"그게 아니고, 크리에이터가 돼서 돈 번 거라니까."

"크리에이터? 그게 뭐야?"

고모의 말에 아빠가 고개를 갸웃거렸다.

"아이참, 작은오빠도 이렇게 세상 물정에 어둡다니까. 범죄만 살피지 말고 세상 돌아가는 일에도 관심을 좀 가져 봐요."

고모의 핀잔에 아빠가 멋쩍은지 뒷머리를 긁적였다.

"혹시 현수, 유튜브 크리에이터예요?"

엄마의 말에 나도 고개를 갸웃거렸다. 유튜브 크리에이터? 분명히 들어 본 적이 있는데, 그게 정확히 뭔지는 모르겠다.

"동서도 아는구나. 맞아. 우리 현수가 유튜브 크리에이터야. 구독자 수가 7만 명이 넘는다니까. 이번 달에 처음으로 수입이 생겼어."

큰엄마는 무척 자랑스러운 표정이었다. 큰엄마가 현수 이야기를 할 때는 늘 한숨이 앞섰는데 오늘은 아니다.

"구독자가 7만이나 된다고요? 현수 정말 대단하네요."

엄마는 진심으로 놀란 표정이었다. 구독자 수니 7만이니 난 도무지 알아들을 수가 없는 말들이어서 슬슬 짜증이 나려고 했다.

"이번에 받은 수입이 50만 원이 넘는대요. 앞으로 구독자가 더 늘면 수입도 많아지는 거죠?"

고모의 말에 내 입이 쩍 벌어졌다. 고작 열두 살밖에 안 된 현수가 50만 원 넘게 벌었다고? 도대체 현수가 하는 일이 뭔데 그렇게 큰돈을 벌게 된 걸까?

"맞아요. 아가씨. 10만이 되면 무슨 버튼을 받는다던데. 암튼 구독자 수가 더 늘면 수입도 늘어날 수 있대요. 저는 돈보다도 현수가 잘하는 것을 찾은 것 같아서 그게 더 기뻐요. 담임 선생님도 칭찬하는 전화를 하셨더라고요. 처음엔 제가 잘 몰라서 휴대 전화만 만지작거린다고 혼냈는데 그럴 일이 아니었어요."

"어이구, 담임 선생까정 전화를 했어? 우리 현수가 장하구나."

큰엄마의 말에 할머니가 현수의 어깨를 토닥토닥했다. 정말 적응 안 되는 분위기다. 나만 꿀 먹은 벙어리처럼 아무 말도 안 하고 현수를 향

해 쏟아지는 칭찬을 듣고 있다니 말이다.

"현수가 방송을 잘하나 보네. 대단하다. 안 그래도 작은엄마가 일하는 도서관에서도 유튜브 크리에이터를 초대해서 강의를 들어 보려고 기획 중이야. 그래서 작은엄마도 좀 찾아봤거든. 성공한 유튜브 크리에이터 중에 책을 낸 사람들도 있는데, 읽어 보니까 정말 대단하더라. 현수는 어떤 방송을 하고 있니?"

도서관에서 근무하는 엄마는 현수가 하는 일에 대해 잘 아는 모양이었다. 엄마가 눈을 반짝이며 현수에게 질문하자 쑥스러운지 현수는 웃기만 했다.

"게임 방송인가 봐요. 나도 오늘 현수가 채널을 보여 줘서 잠깐 봤는데 방송을 제법 잘하지 뭐예요. 나 오늘 현수 다시 봤잖아요. 만날 새언니한테 혼나면서 게임만 하는 줄 알았더니 그게 아니었나 봐요."

고모의 말에 현수가 괜히 몸을 꼬았다. 그 모습을 보니 나는 마음이 배배 꼬였다. 낯설다. 내가 아닌 현수가 어른들에게 칭찬받는 모습. 내 기분이 왜 이런 걸까? 난 내가 못된 아이라고 생각해 본 적 없는데. 설마 내가 현수를 질투하는 걸까? 현수에게 나쁜 감정을 가진 적은 없었다. 솔직히 현수를 한심해하긴 했다. 그런데 그건 그럴 만해서다. 현수는 편식 대장에 말썽 부리기 대장에 게임 대장이니까. 하지만 현수가 그렇다고 해서 맹세코 현수에게 나쁜 감정을 가진 적은 없었다. 뭐 아주 살짝 무시하는 마음이 들 때도 있었지만 되도록 오빠 대접을 해 주려고 노력했다.

현수도 나도 맞벌이를 하는 부모님 때문에 어린 시절에 할머니 손에서 자랐다. 현수와 나는 때론 남매처럼, 때론 친구처럼 자랐다. 그래서 오히려 서로 의지하고 지냈던 시절도 있었다.

어른들은 나보고 현수한테 오빠라고 부르라고 했지만 난 어른들이 보는 데서만 현수에게 오빠라고 불렀다. 한글도 먼저 익히고, 숫자도 먼저 셀 줄 알았던 나는 나보다 뭐든 늦는 현수에게 오빠라고 부르는 게 싫었다. 그래서 어른들 볼 때만 오빠라고 불렀던 거다. 다행히 현수는 착해서 내가 현수에게 오빠라고 부르지 않는 것을 어른들에게 이르거나 하지는 않았다.

그런데 자라면서 현수가 게임에 빠졌다면 나는 책에 빠졌다. 자연스레 나는 독서상이며 모범상을 곧잘 타 오는 아이가 됐고, 부모님과 어른들의 칭찬을 독차지하게 됐다. 그에 비해 현수는 큰엄마에게 엉덩이를 맞아 가면서도 게임에서 빠져나오지 못했다. 4학년 때는 큰엄마 몰래 학원에 가지 않고 피시방에 갔다가 난리가 난 적도 있었다.

게임에서 헤어 나오지 못하는 현수가 안타깝기도 하고 한심하다는 생각이 들면서 자연스레 나도 몰래 마음속으로 현수를 무시하는 마음이 생겼던 것 같다. 오빠 대접을 해 줘야겠다고 마음을 먹었다가도 때때로 현수의 철없는 행동을 보면 다시 현수를 무시하는 생각이 들었던 거 같다.

고모는 공부가 인생의 전부가 아니라면서 현수를 다독여 줬지만, 그런 고모도 현수에게 게임 좀 적당히 하라고 잔소리를 할 때가 있었다.

그런데 현수가 게임으로 방송을 해서 뭐가 어떻게 됐다고? 대체 유튜브가 뭘까? 크리에이터는 또 뭐고? 현수는 알고 나는 모르는 세상이 있다는 거 기분 별로다.

유튜브란?

친구들 모두 한 번쯤은 유튜브에 대해 들어 보았을 거예요. 요즘 어린이들의 장래 희망을 묻는 조사에서 유튜브 크리에이터가 1위를 차지하기도 했다니까요. 그렇다면 많은 사람들의 사랑과 관심의 대상인 유튜브는 무엇일까요?

유튜브는 YOU(당신)와 TUBE(브라운관, 텔레비전)가 합쳐진 단어로, **당신이 원하는 대로 골라 보는 텔레비전**이라는 뜻이에요.

유튜브는 2005년 미국에서 처음 선을 보인 인터넷 사이트예요. 스티브 첸, 채드 헐리, 자베드 카림이라는 세 명의 젊은 친구들이 **동영상을 올리고 감상할 수 있도록 만든 동영상 공유 사이트**랍니다.

세 친구는 처음에 데이트 주선 사이트로 유튜브를 만들었다고 해요. 사람들이 자신의 성별을 올리고 자신이 찾고 싶은 성별과 나이를 선택하면 유튜브가 적절한 데이트 상대를 찾아 주도록 만들었던 것이죠. 하지만 사람들은 유튜브를 데이트 사이트 대신 자신의 친구나

반려동물, 혹은 재미있는 장면들이 담긴 영상을 올려놓고 시청하는 것으로 이용했어요.

  이후 많은 사람들이 유튜브에 영상을 올리기 시작했고, 사람들은 짧은 시간 혹은 자투리 시간을 활용해 유튜브에 올려져 있는 영상들을 보기 시작했어요.

  유튜브에서 처음으로 100만 명이 넘는 사람들이 본 영상은 바로 광고 영상이었다고 해요.

  유튜브의 가능성을 알아본 구글에서 2006년 10월, 16억 5000만 달러에 인수해 지금과 같이 성장하게 되었어요. 세 명의 친구가 허름한 차고에서 1150달러라는 작은 돈으로 창업을 한 지 2년도 안 되어 일어난 일이에요. 무척 놀랍지요? 우리나라에서는 2008년부터 공식적으로 유튜브 서비스가 시작되었답니다.

유튜브는 다음, 네이버랑 뭐가 다를까?

많은 사람들이 인터넷 시작 화면으로 사용하는 다음, 네이버와 유튜브는 어떻게 다를까요? 다음과 네이버를 가리켜 우리는 검색 엔진 혹은 포털 사이트라고 해요. 포털 사이트는 인터넷 사용자가 인터넷에 접속했을 때 처음 들어가게 되는 사이트를 말해요. 처음에는 이메일을 주고받거나 정보를 검색하기 위해 많은 사람들이 포털 사이트를 사용하기 시작했어요.

다음은 1995년에 만들어졌고, 네이버는 1999년에 만들어졌어요. 인터넷을 사용하는 사람들이 엄청나게 늘어나면서 다음과 네이버 역시 놀랄 만큼 성장하게 되었지요. 사람들은 다음이나 네이버에 접속하여 이메일을 주고받기도 하고 카페나 블로그를 통해 다른 사람들과 교류하기도 한답니다. 또한 이런 포털 사이트 덕분에 발로 뛰지 않고 간단한 클릭만으로 수많은 정보를 얻을 수 있게 되었어요.

그렇다면 다음이나 네이버가 유튜브와 다른 점은 무엇일까요? 유튜브는 그

　자체를 검색 엔진 혹은 포털 사이트라고 부르지 않아요. 검색 엔진 혹은 포털 사이트의 하나인 구글에서 운영하는 동영상 공유 사이트이지요.
　유튜브는 **자신의 계정(아이디와 비밀번호를 이용하여 사용할 수 있는 시스템 내 작업 영역)을 만들어 동영상을 올릴 수 있다는 점**이 가장 큰 특징이랍니다. 구독자 수가 많아지면 수익을 얻을 수 있는 구조도 다르고요. 구독자는 채널에 업로드되는 동영상 정보를 받아 보는 사람을 말해요.
　물론 네이버 블로그도 자신이 운영하는 블로그를 통해 영향력 있는 파워 블로거가 되면 여러 가지 이득을 얻을 수 있기도 해요. 하지만 글이나 사진, 음악 등을 올리는 블로그와 동영상을 올리는 유튜브는 다른 점이 많답니다. 유튜브는 채널을 운영하는 사람에 따라 실시간으로 라이브 방송을 할 수 있다는 점도 다르지요.

나도 궁금해!

　명절 연휴가 어떻게 지나갔는지 모르겠다. 연휴 내내 현수 때문에 골치가 아팠기 때문이다. 유튜브고 크리에이터고 뭔지 잘은 모르겠지만 현수가 하는 거면 별로 대단한 게 아닐 거라고 생각하며 신경 쓰지 않으려고 했다. 하지만 자꾸 마음이 오락가락했다. 현수가 나보다 대단한 사람처럼 보이는 것 같아서 기분이 나빠졌다가, 게임 가지고 하는 게 뭐 얼마나 대단하겠어? 끈기가 없는 현수는 분명 얼마 안 가 그만둘 거야. 이런 생각이 들면 또 기분이 괜찮아졌다.

　하지만 차 안에서 엄마랑 아빠가 나누었던 현수 이야기가 자꾸 귀에 맴돌아서 신경이 쓰였다.

　"그거 현수 하는 거 저대로 놔둬도 되는 건가? 형님이랑 형수님이 너무 좋아해서 뭐라고 말은 못 했는데, 괜히 헛바람만 들어서 공부는 내팽개치는 게 아닌지 몰라."

    할머니 댁에서 제사를 마치고 외가댁으로 가는 길이었다. 나는 고모가 선물해 준 역사 동화를 보고 있었는데, 운전을 하던 아빠가 엄마한테 조심스럽게 물어보았다. 아빠도 나와 같은 생각이었나 보다. 현수가 하는 게 미심쩍어 보이고 불안해 보였나 보다. 아무리 생각해 봐도 고작 열두 살짜리가 휴대 전화로 영상 좀 찍었다고 돈을 벌게 된다는 게 말이 안 되니까!

    "당신도 참, 잘 알지도 못하면서 함부로 말하면 안 되지. 유튜브 크리에이터 하는 게 왜 헛바람 드는 거야? 내가 현수 채널 살펴봤는데 내용도 짜임새 있고, 제법이더라고. 형님한테 물어보니까 요즘 코딩도 배우러 다닌대."

    "그래? 그래도 난 애가 너무 게임만 좋아하는 것 같아서 걱정되던데. 아무튼 당신도 잘 좀 살펴봐 줘."

    "게임도 잘 활용하면 나쁘지 않아. 현수가 한때 게임에 너무 빠져 있어서 걱정했었는데, 채널 살펴보니까 걱정 안 해도 되겠어. 현수가 생각도 깊고 야무지던걸."

현수가 생각이 깊고 야무지다고? 나는 엄마의 말에 기가 막혔다. 수학 시험도 잘 못 보고, 학원도 땡땡이치는 현수가?

외가댁에 가서도 기분이 별로였다. 누군가 내 머릿속을 현수와 유튜브로 꽉 채워 놓은 것 같다는 생각이 들 정도였다.

결국 외가댁에서 집으로 돌아온 날부터 시간이 날 때마다 유튜브에 대해 찾아보았다. 처음엔 검색창에 유튜브라고 입력하니까 너무 많은 정보가 쏟아져 나와서 머리가 지끈지끈 아팠다. 뭐부터 찾아 읽어야 할지 결정하기가 힘들었다. 그래도 그냥 포기할 수는 없었다.

"적을 알고 나를 알면 백 번 싸워도 백 번 이긴다고 했어. 우선 유튜브가 뭔지 제대로 알아야 해!"

찬찬히 살펴보다 보니, 생각보다 유튜브에 관한 책도 많고, 유튜브를 보는 사람들도 굉장히 많다는 것을 알았다. 그래서 내가 읽으면 좋을 것 같은 책의 제목을 적어 놓았다. 어른들을 위한 유튜브 책부터 나와 같은 어린이들을 위한 책까지 종류가 다양했다.

"책은 엄마가 일하는 도서관에서 빌려다 읽어야겠다."

책의 제목을 다 정리하고 사람들이 올려놓은 정보와 포털 사이트에서 알려 주는 정보들을 차례대로 클릭해 보았다.

유튜브에 대한 기본적인 정보부터 유명한 유튜브 크리에이터에 대한 얘기, 그들이 운영하는 유튜브 채널에 대한 이야기까지 정말 많은 정보가 있었다.

"뭐가 이렇게 많아?"

이렇게나 많은 사람들이 유튜브에 관심을 갖고 유튜브를 즐기고 있었다는 생각이 드니까 기분이 이상했다. 나만 다른 세상 사람인 것 같아서 조금 얼떨떨한 기분이 들기도 했다. 나보다 어린 꼬맹이들부터 할머니, 할아버지까지 유튜브를 보는 사람들이 많으니까 말이다.

"대체 내가 쓰는 다음이나 네이버랑은 뭐가 다른 거지?"

검색창에 주제어를 넣고 무언가를 찾아보는 것은 비슷해 보였다. 하지만 유튜브는 다음이나 네이버와 달리 영상이 검색되었다. 텔레비전 프로그램 영상도 있고, 광고 영상도 있고, 누군가가 직접 찍어서 올린 영상들도 있었다.

"그러니까 유튜브는 동영상 공유 사이트라는 거구나."

누군가 정리해 놓은 글을 보니 유튜브에 대해 한 줄로 이해가 되었다. 문득 현수도 이런 것을 다 알고 있을까? 하는 생각이 들었다.

"유튜브는 구글에 계정을 만들어서 이용할 수 있는 거네."

학교 방과 후 교실에서 컴퓨터 기초 수업을 들었기 때문에 나도 이메일이나 카페, 블로그에 대해서는 안다. 구글은 다음이나 네이버처럼 우리나라에서 만든 사이트가 아니고, 미국이 만든 전 세계인이 이용하는 사이트라는 것도 안다.

"내가 책을 얼마나 많이 읽는데, 인터넷 검색하고 사이트 찾아보는 것쯤이야 식은 죽 먹기지."

나는 검색해 볼수록 조금씩 자신감이 붙었다.

"서연아, 아직도 안 자고 있었니? 지금 12시가 다 되었어. 아무리 연휴라지만 너무 심하다. 그리고 이렇게 밤늦게까지 컴퓨터하면 눈 나빠져."

주방에 물을 마시러 나왔던 엄마가 깜짝 놀라며 말했다. 세상에! 저녁을 먹고 8시쯤부터 검색해 보기 시작한 것 같은데 벌써 네 시간이나 지나 있었다. 정말 시간 가는 줄 모르고 있었나 보다.

"엄마, 혹시 유튜브에 관한 책 가지고 있어?"

"왜? 너도 유튜브에 관심이 생긴 거야? 설마 그래서 지금까지 유튜브에 대해 찾아보고 있었던 거야?"

내가 현수 때문에 유튜브에 관심이 생긴 것을 엄마가 알면 어떡하지? 나는 엄마에게 속마음을 들킬까 봐 얼른 컴퓨터를 꺼 버렸다.

"나만 너무 모르는 것 같아서. 엄마가 새로운 정보에 너무 어두우면 안 좋다고 했잖아."

"그래. 어떤 일이든 관심을 가지고 궁금해하는 건 좋은 일이야. 하지만 너무 한꺼번에 하려고 하지 마. 엄마가 그랬잖아. 뭐든 지나친 건 좋지 않다고. 내일 엄마가 가지고 있는 책 줄 테니까 시간 있을 때 읽어 봐. 오늘은 이만 자고."

다행히 엄마는 내가 유튜브에 관심 가지는 것을 이상하게 생각하지 않았다. 하긴 우리 엄마는 보통의 엄마들과 조금 다르다. 게임에 대해서도 큰엄마처럼 나쁘게 생각하지 않았다. 폭력적이거나 자극적이지 않은 게임이면 두뇌 발달에 도움도 되고, 스트레스 해소에도 좋다고 생각한다.

침대에 누웠지만 유튜브에 대한 생각 때문에 잠이 잘 오지 않았다. 빨리 아침이 돼서 엄마가 주는 책도 읽고, 유튜브에 대해 더 알아보고

싶다는 생각뿐이었다.

그래서였을까? 아침에도 엄청 일찍 눈이 떠졌다. 나는 아침도 먹는 둥 마는 둥 하면서 엄마가 준 책을 읽었다.

남은 연휴 내내 유튜브에 대해 알아보니 현수가 한다는 크리에이터가 연예인과 약간 비슷하다는 생각이 들었다. 자신의 채널을 만들어서 방송을 하는 게 연예인과 다를 바 없어 보였기 때문이다.

나는 현수의 채널에도 들어가 보고, 내 또래의 친구들이 만든 다른 채널에도 들어가 보았다. 크리에이터들 중에는 아주 유명해져서 텔레비전에 나오기도 하고, 포털 사이트의 검색창에 이름만 쳐도 나오는 사람들도 많았다.

검색을 하고 책을 읽으면 읽을수록 나는 지끈거리던 머리가 나아지는 것 같았다. 현수가 하는 일이 하나도 안 대단해 보였기 때문이다. 현

수뿐만 아니라 다른 사람들이 하는 것도!

현수는 자신이 좋아하는 게임을 하면서 진행 같은 걸 하는 영상을 만들었고, 어떤 아이는 자신이 좋아하는 춤을 추면서 방송을 하고, 또 다른 아이는 동생이랑 놀러 다니는 내용으로 방송을 하고 있었다. 어른들 중에는 요리를 하는 아저씨도 있고, 장난감을 갖고 어떻게 놀면 되는지 알려 주는 언니도 있었다.

딱 보니까 유튜브 크리에이터는 별다른 게 없어 보였다. 연예인이나 아나운서처럼 따라 하면 되는 거였다. 크게 힘들어 보이지 않았다. 혼자서 재미있게 방송을 하면 되는 거였다.

"뭐야, 별거 없잖아! 방송하면서 사람들하고 채팅하고 막 웃기고 그러면 되는 거잖아. 개그맨 같기도 하고 암튼 뭐 연예인처럼 하면 되는 거네. 나도 충분히 할 수 있을 것 같은데."

내 꿈은 연예인은 아니다. 내가 부끄러움이 많거나 사람들 앞에 서는 것을 싫어해서 그런 것은 아니다. 많은 아이들이 연예인을 꿈꾼다. 멋있고 화려하고 많은 사람들에게 사랑을 받는 직업이 연예인이기 때문이다. 나도 어렸을 때는 연예인이 되고 싶었다.

하지만 4학년 때부터 내 꿈은 바뀌었다. 나

는 영어 공부를 열심히 해서 국제 무대에 서는 아나운서가 되고 싶다. 엄청 근사해 보이기 때문이다. 연예인도 근사하지만 국제 무대에 서는 건 더 대단하고 근사해 보인다.

그런데 가만 보니까 유튜브 크리에이터는 그런 꿈을 가진 내가 엄청 잘할 수 있는 일인 것 같다는 생각이 들었다.

"아무래도 박현수보다 크리에이터 일도 더 잘할 것 같은데. 나도 얼른 채널을 만들어서 방송을 해 봐야겠다."

유튜브 크리에이터란?

유튜브를 이용하는 사람들이 많아지면서 유튜브 크리에이터 또한 사람들의 관심의 대상이 되었어요. 유튜브 크리에이터는 **유튜브에 자신의 채널을 열고 동영상을 만들어 올리는 사람**을 말해요.

조금 더 자세히 알아볼까요? 그렇다면 먼저 크리에이터가 무슨 뜻인지부터 알아볼게요. 크리에이터란 영어 단어 크리에이터(Creator)에서 온 말인데, 사전에서 뜻을 찾아보면 창조자, 창작자, 조물주 등으로 나와요.

처음 크리에이터라는 말을 쓴 곳은 광고 분야였어요. 새로운 광고를 처음으로 만들어 내는 사람을 크리에이터라고 부르기 시작했거든요. 이 말이 점점 더 넓게 사용되면서 새로운 것을 창작해 내는 사람을 가리켜 크리에이터라고 부르게 되었답니다.

옷이나 제품 등을 디자인하는 디자이너, 광고에 쓰는 글을 짓는 카피라이터, 전문적으로 사진을 찍는 포토그래퍼,

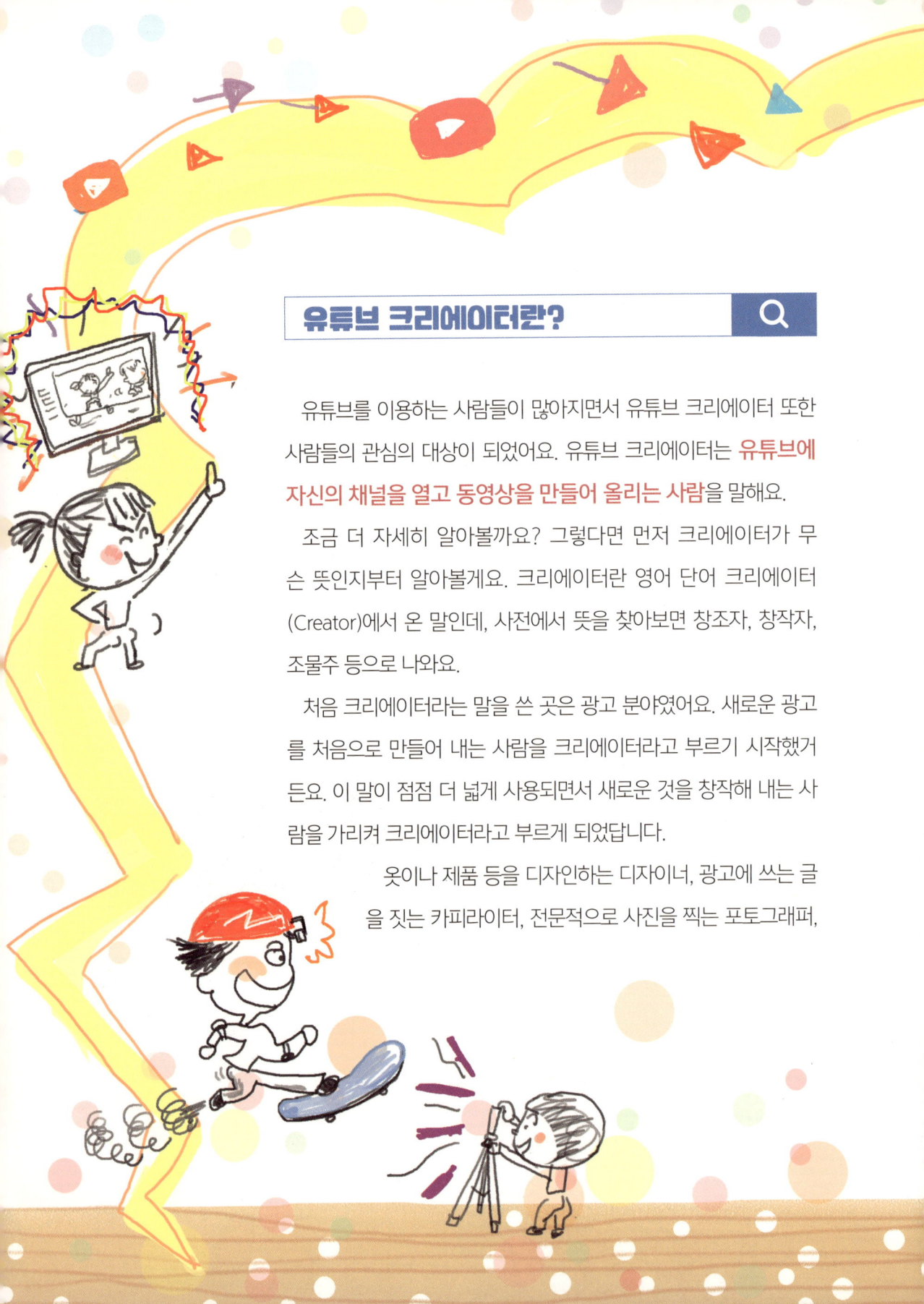

그림을 그리는 일러스트레이터, 노래를 만드는 작곡가 등과 같이 자신의 분야에서 새로운 것을 창작해 내는 사람을 일컬어 크리에이터라고 부르게 된 것이지요.

유튜브에 자신만의 아이디어로 영상을 창작하는 일을 하기 때문에 유튜브 크리에이터(YouTube Creator)라고 부르는 것이랍니다. 다른 말로 유튜버(YouTuber)라고도 해요.

유튜브 크리에이터와 연예인의 차이점은?

유튜브 영상 속 크리에이터들을 보고 있으면 연예인이 떠오르기도 해요. 물론 크리에이터에 따라 차이가 있긴 하지만 연예인처럼 연기를 하거나 방송을 진행하는 것이 비슷하거든요. 또 방송을 보는 시청자들의 사랑을 받아야 한다는 점에서도 유튜브 크리에이터와 연예인이 비슷해요.

하지만 우리는 유튜브 크리에이터를 연예인이라고 하지는 않아요. 왜냐하면 유튜브 크리에이터는 작가가 쓴 대본에 따라 연출자의 지시를 받고 연기하는 연기자나 만들어진 무대에 나가 노래를 하는 가수와는 분명 다르거든요.

먼저 유튜브 크리에이터는 자신이 만든 영상에 대해 모두 책임지는 것이 달라요. 연예인은 혼자 영상 혹은 방송을 만들 수 없거든요. 보통의 방송은 많은 사람이 필요하고 그만큼 제작비도 많이 든답니다. 하지만 유튜브 크리에이터는 자신의 상상력과 창의력으로 혼자 혹은 적은 인원, 적은 비용으로 방송을 만든답니다.

또한 연예인은 누군가에게 출연해 달라는 부탁을 받아 방송을 하지만 유튜브 크리에이터는 만들고 출연할 영상을 스스로 결정하지요.

또 다른 점은 연예인은 방송에 출연하는 출연료를 주 수입원으로 하면서 그 외에 광고를 찍어 수입을 얻기도 하지만, 유튜브 크리에이터의 경우 자신의 채널에 생기는 광고 수익이 수입원이 된답니다.

연예인 중에는 유튜브 크리에이터를 겸하는 사람들이 있는데, 이는 점점 많아지는 추세예요. 방송에서는 다 보여 주기 힘든 자신의 매력이나 장점을 유튜브를 통해 보여 주려는 사람들도 있고, 혼자 방송하는 것 자체를 즐기는 사람들도 있기 때문이지요.

나도 할 수 있어!

나는 심호흡을 하고 현수에게 전화를 걸었다. 가끔 메시지를 주고받기는 하지만 전화를 하는 것은 처음이라 괜히 긴장이 되었다. 게다가 전화 건 목적은 따로 있는 터라 어떻게 말을 꺼내야 하나 은근 떨렸다.

"현수 오빠, 잘 지내?"

"어, 그렇지 뭐. 무슨 일 있어?"

할머니 댁 근처에 큰집, 우리 집 모두 모여 살 때는 약속이 없어도 현수네 집에 가곤 했다. 그때는 아무렇지도 않게 현수 방을 뒤적이기도 했다. 그런데 내가 4학년 때 우리 집이 엄마가 일하는 도서관 근처로 이사 온 후로는 약속 없이 현수네 집에 가

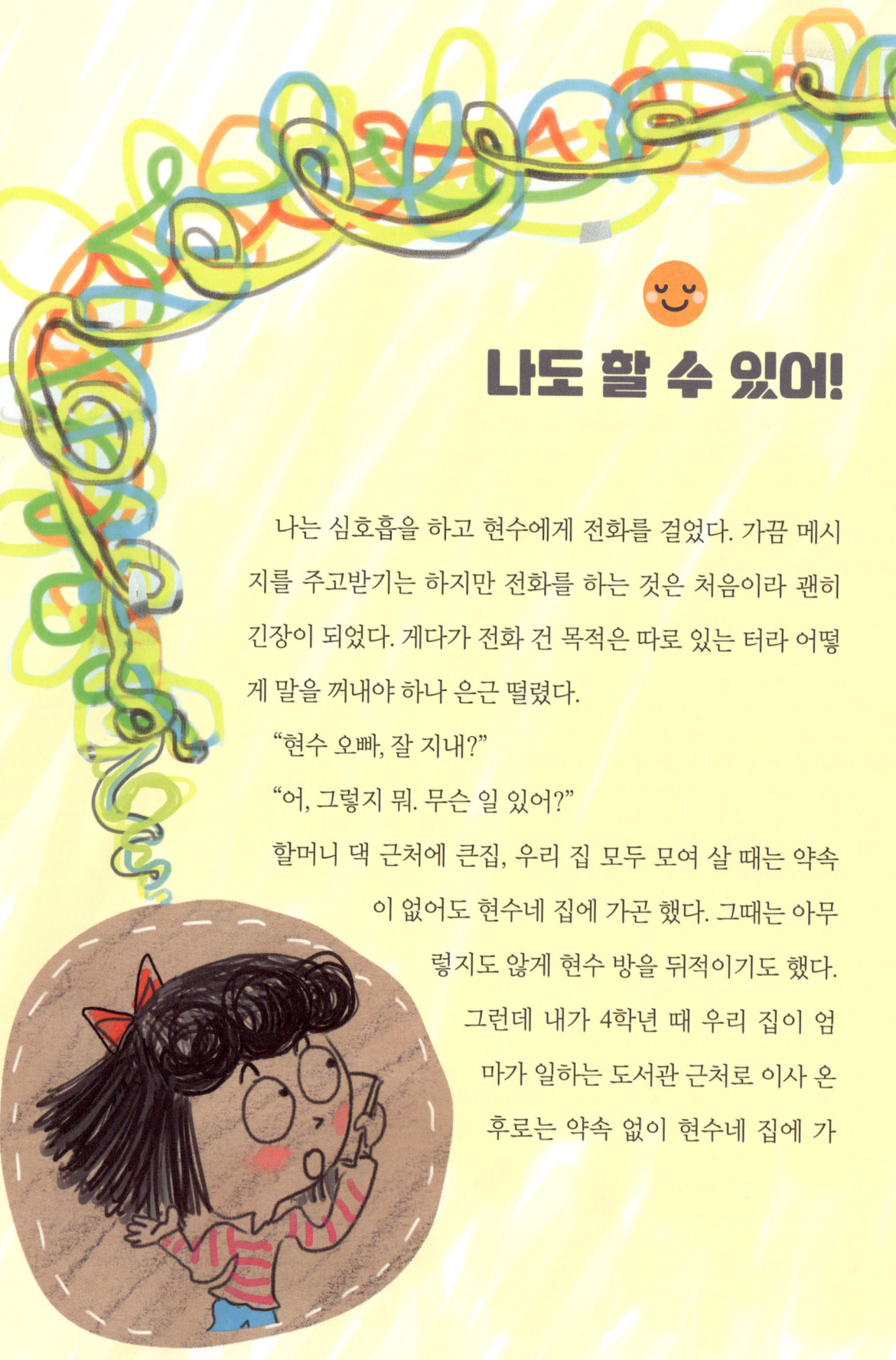

는 게 좀 그렇다.

"오빠, 구독자 수 많이 늘었어?"

"어, 조금 더 늘었어. 곧 10만 될 것 같아. 10만 명 되면 실버 버튼 받거든. 그리고 전담 매니저도 생길 수 있대."

"10만 명? 대단하다. 그런데 매니저가 생긴다고? 오빠가 연예인도 아닌데 웬 매니저?"

나는 속으로는 코웃음을 쳤다. 현수가 하면 그깟 10만 명 나도 할 수 있을 테니까!

"구독자 수가 많아지면 채널에 신경을 써야 하니까 전담 매니저가 생기는 거래. 내 채널에 대해 책임감도 더 가져야 하고."

뭔지 모르겠지만 유튜브 크리에이터가 되고 나서 현수가 좀 바뀐 것은 확실하다. 어른스러워졌다고 해야 할까? 뭔가 되게 똑똑해진 것 같기도 하고. 아무튼 예전의 현수와는 조금 다른 느낌이다.

"오빠도 휴대 전화로 업로드하지?"

"어, 나도 휴대 전화로 해. 다른 사람들도 휴대 전화로 많이 하더라."

"그런데 오빠는 어떻게 유튜브 크리에이터가 될 생각을 했어?"

진심으로 궁금했다. 게임밖에 모르던 현수가 어떤 계기로 유튜브 크리에이터가 될 생각을 하게 됐을까?

"그게, 겨울 방학 때 크리에이터 체험해 보면서 생각하게 됐어. 처음엔 엄마가 직업 체험하는 데 가자고 해서 싫다고 버티다가 게이머 체험도 있고, 재미있는 거 많다고 해서 따라갔거든. 그런데 그곳에서 유튜브 크리에이터 체험을 해 보니까 진짜 재미있더라고. 거기에 촬영 장비도 있거든."

"정말? 유튜브 크리에이터를 체험하는 곳이 있다고? 신기하네."

유튜브 크리에이터가 되어 직접 체험해 보는 곳? 그렇게 좋은 데가 있었다니! 나는 얼른 노트에 적어 놓았다.

"주말에 가면 사람이 너무 많대. 평일 오후에 가면 좋아. 참, 미리 예약하고 가야 더 많이 체험할 수 있어."

현수는 물어보지도 않은 것까지 술술술 늘어놓았다. 검색을 통해서 유튜브와 유튜브 크리에이터에 대해 조사를 많이 했지만 막막한 부분도 있었다. 뭘 어떻게 시작해야 할지 막연했기 때문이다. 구글에 회원

가입을 한 후에 로그인하고 영상을 올리면 된다고들 하지만 직접 해 보려니까 그 간단한 절차가 되게 어렵게 느껴졌다.

"촬영한 다음에 계정에 로그인하고 업로드하는 거지?"

"그렇지. 요즘엔 편집해 주는 어플이 많아서 그거 내려받아서 하면 더 좋아. 무료 어플도 되게 많거든."

"아, 편집 어플을 사용하면 되는구나! 오빠 진짜 잘 안다."

나는 현수를 치켜세워 주면서 유튜브에 동영상 올리는 방법과 유명하다고 손꼽히는 유튜브 크리에이터들에 대한 정보를 알아냈다. 책이나 검색을 통해서는 알 수 없는 생생한 정보들을 현수가 꽤 알고 있었다. 아무래도 현수가 지금 한창 채널을 운영하며 크리에이터 활동을 하고 있어서 내게 와닿는 정

보들을 알려 줄 수 있는 것 같았다.

"서연이 너는 확실히 책을 많이 읽어서 그런가 되게 빨리 알아듣는다. 그런데 너도 유튜브 크리에이터 해 보려고?"

앗, 현수가 어떻게 알았지? 현수가 생각보다 눈치가 빠른 것 같다. 조심해야겠다. 잘못하다가는 내가 현수 따라서 유튜브 하는 것처럼 보일지도 모르니까.

"아니야. 그런 게 아니고, 그냥 궁금해서 그래. 우연히 검색하다가 오빠 채널도 봤거든. 그랬더니 궁금한 게 이것저것 생겨서. 요즘에 애들이 다들 유튜브에 관심이 많더라고. 우리 반 애들이 이야기하는 걸 들었는데 친구들도 크리에이터에 관심이 엄청 많아. 뭐 그래서 그냥 물어본 거야."

나는 슬쩍 남의 이야기하듯 넘어갔다.

"하긴 요즘 애들한테 유튜브가 화제지. 우리 반 애들도 나한테 엄청 많이 물어봐. 크리에이터가 되고 싶어서 물어보는 애들도 있고, 그냥 신기해서 물어보는 애들도 있고 그래. 참, 너 윤서 알지? 걔도 꽤 유명한 크리에이터야."

"윤서? 우리 2학년 때 같은 반이었던 최윤서 말이야?"

"어, 걔가 클레이로 이것저것 만드는데 구독자 수가 무려 11만이나 된대!"

"뭐라고?"

나도 모르게 목소리가 커지고 말았다. 최윤서가 잘나가는 크리에이터라니! 그것도 클레이 만들기로!

윤서는 2학년 때 같은 반이었던 친구다. 키도 작고 목소리도 작고, 부끄러움이 많아서 늘 속삭이듯 이야기하던 아이. 그런데 윤서가 유튜브 크리에이터가 되었다고? 게다가 구독자 수가 11만이나 된다고?

"서연아, 그러지 말고 너도 한번 해 봐. 너는 책도 많이 읽고, 아는 것도 많으니까 재미있게 할 수 있을 것 같은데."

"어? 뭐, 나중에. 나중에 한번 해 보지 뭐. 우리 반 애들도 많이 하긴 하더라고."

"그럼, 요즘 초딩들 장래 희망 1위가 유튜브 크리에이터잖아."

현수는 나에게 이런저런 이야기를 더 하고 싶어 하는 눈치였지만 나는 마음이 급해져서 대충 얼버무리고 전화를 끊었다. 윤서의 채널을 보고 싶어 견딜 수가 없었기 때문이다. 현수에 이어 윤서까지 인기 있는 유튜브 크리에이터가 되었다니!

나도 가만있을 수만은 없다는 생각이 들었다. 나는 유튜브에 접속해 얼른 윤서의 채널을 찾아보았다.

"안녕하세요? 만들기 짱짱! 윤서 TV의 윤서예요. 오늘은 요즘 아주 핫한 슬라임을 만들어 볼 거예요."

윤서의 채널은 현수의 채널보다 배경 이미지도 멋있고, 영상 목록도 더 다양했다. 살펴보니 현수가 게임 방송을 한다면 윤서는 만들기 방송을 하는 것 같았다. 클레이, 슬라임, 종이접기 뭐 이런 것들을 하면서 동영상을 만드는 것 같았다.

"내가 윤서보다 훨씬 더 잘했는데."

질투가 아니라 진짜다. 2학년 때 방과 후 교실에서 윤서와 함께 클레이를 배웠는데 늘 내가 더 잘 만들었다. 선생님께 칭찬도 여러 번 받았다.

"현수가 알려 준 유명한 크리에이터들도 뭘 만들면서 방송하는 경우가 많은 것 같네."

대부분 '~하는 법'을 알려 주는 방송이 많은 것 같았다. 몇 시간 동안 여러 크리에이터들의 방송을 쭉 살펴본 후 내 채널의 이름과 어떤 방송을 할 것인지 결정했다. 나도 클레이나 슬라임 만드는 걸 보여 주면서 방송을 시작하는 게 좋을 것 같다.

현수는 편집 프로그램을 이용하라고 했지만 뭐 그렇게까지 할 필요는 없을 것 같다. 그냥 바로바로 찍어서 내 채널에 업로드해야지.

촬영은 현수가 알려 준 대로 하면 될 것 같다. 대신 태블릿 피시를 이용해서. 내 휴대 전화는 스마트폰이 아니다. 하지만 엄마가 영어 인터넷 강의 때문에 사 준 태블릿 피시를 이용하면 된다.

나는 살펴보았던 채널 중에 조회 수가 많은 채널들 몇 개를 따라 영상을 만들기로 했다. 제일 재미있고 웃기고 사람들의 반응이 좋았던 것들을 섞어서 영상을 만들면 대박이 날 것 같다는 생각이 들어서다. 촬영하기 전에 대충 머릿속으로 어떻게 시작하고 어떻게 끝낼지도 생각해 놓았다.

하지만 막상 촬영을 시작하니 자꾸만 말이 헛나오고 다음에 어떤 말을 해야 할지 말문이 막혔다. 그래서 5분짜리 영상을 촬영하는 데 무려 두 시간이나 걸렸다. 그러는 바람에 영어 학원 수업도 빼먹었다. 하지만 오늘은 내 생애 첫 동영상을 촬영해 업로드하는 날이니 영어 학원 빠지는 것쯤은 중요한 게 아니라고 생각하기로 했다.

"어디 한번 볼까?"

내가 찍은 영상을 차례로 재생해 보았다. 열세 개나 되는 동영상 중

에서 가장 괜찮은 것을 고르는 것도 일이었다.

"이게 제일 괜찮네."

영상 속 내 모습이 꽤 그럴싸해 보였다. 연예인 같아 보이기도 하고, 멋진 아나운서처럼 보이기도 했다.

"자, 그럼 이제 내 첫 동영상을 올려 볼까?"

설레는 마음으로 내가 만든 채널에 첫 동영상을 올렸다. 가슴이 두근거렸다. 내 채널에 얼마나 많은 사람이 올까? 조회 수가 얼마나 될까? 얼마큼 시간이 지나야 현수보다 구독자 수가 많아질까?

유튜브 채널 만들기

구글에 회원 가입을 한 후 로그인하면 유튜브에 접속할 수 있어요. 유튜브에는 수많은 채널이 존재한답니다. 유튜브에서 말하는 채널은 우리가 텔레비전을 보면서 고르는 채널과는 조금 다른 의미예요. 유튜브 채널은 크리에이터가 자신이 만든 영상을 올려 두는 곳이에요. 구글에 계정을 가지고 있는 사람이라면 누구나 유튜브에 접속해 채널을 만들어 자신이 만든 영상을 올릴 수가 있어요. 그러니까 유튜브를 사용하는 사람들은 모두 자신의 채널을 가지고 있다고 보면 된답니다.

하지만 채널을 가진 모든 사람이 크리에이터로 활동하는 것은 아니에요. 채널은 있지만 동영상을 올리거나 방송을 하지는 않는 사람들도 아주 많거든요.

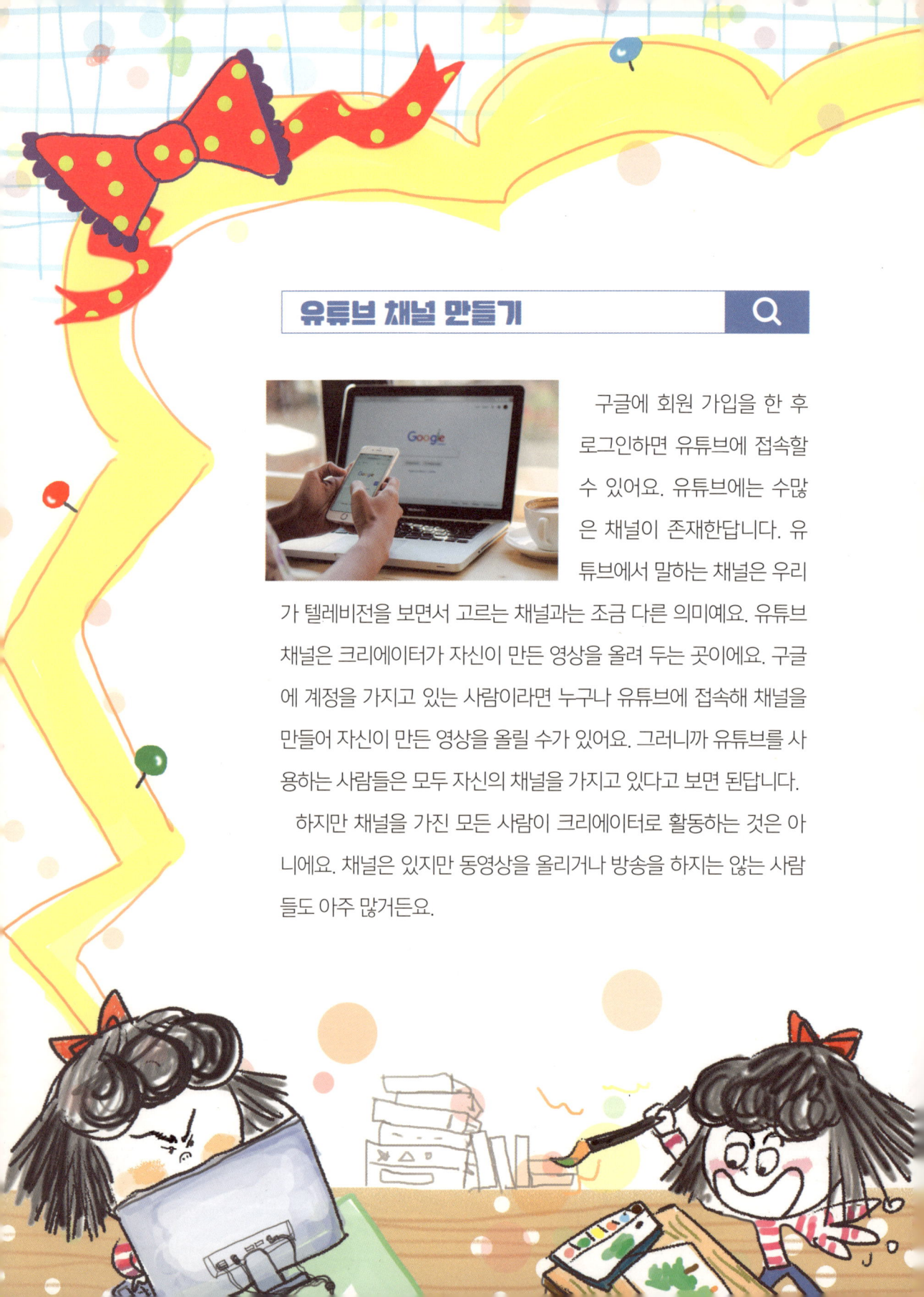

자신의 채널로 방송을 하는 유튜브 크리에이터는 채널의 성격이나 이미지에 맞게 직접 배경 화면을 꾸밀 수 있어요. 이때 사진 등을 보정하는 포토샵 같은 컴퓨터 프로그램을 잘 다루면 더 멋지게 꾸밀 수 있지요.

　또한 자신이 운영하는 채널의 이름을 그 성격이 확실히 나타나도록 지을 수도 있어요. 많은 크리에이터들이 멋진 이름으로 자신과 자신이 운영하는 방송을 드러내고 있답니다. 자신이 지은 채널의 이름이 브랜드가 될 수도 있기 때문에 자신이 할 방송의 성격과 이미지를 잘 드러낼 수 있도록 고민해서 짓는 것이 좋아요.

1인 방송을 한다는 것은?

　유튜브를 한다거나 유튜브 크리에이터가 된다는 것은 곧 1인 방송을 한다는 것을 의미한답니다. 그렇다면 1인 방송은 무엇일까요?

　바로 **개인이 중심이 되어 방송 프로그램 하나를 만드는 것**을 의미한답니다. 우리가 흔히 텔레비전에서 보는 방송은 여러 명의 사람들이 함께 만드는 것이에요. 하지만 1인 방송은 이 모든 것을 혼자 할 수 있지요. 물론 방송국에서 만들어 낸 방송과 차이가 나는 부분도 있어요. 들어가는 제작비와 노동력, 사용하는 장비 자체가 다르니까요. 대신 1인 방송은 개인의 상상력, 창의력, 아이디어에 기대어 만들어진다고 보면 된답니다.

　방송국에서 만드는 프로그램과 달리 1인 방송 프로그램은 길이가 짧은 것도 많아요. 유튜브에 접속해 자투리 시간을 활용해서 볼 수 있는 방송도 많거든요. 정류장에서 버스를 기다리거나 지하철을 타고 이

동하는 짧은 시간 동안 볼 수 있는 방송 말이에요.

그래서 유튜브가 처음 시작된 초창기에 만들어진 영상들을 보면 이런 걸 방송이라 불러도 될까 하는 생각이 들 정도로 간단한 내용들도 많아요. 사람들이 가볍게 웃고 넘길 수 있는 것들도 많고요. 하지만 1인 방송을 하는 사람, 1인 방송을 보고 즐기는 사람들이 점차 많아지면서 그 내용과 수준이 점점 좋아지고 있답니다.

사실 유튜브의 성공은 스마트폰과 깊은 관련이 있어요. 스마트폰은 시간과 장소에 관계없이 언제 어디서든 인터넷에 접속할 수 있도록 도와주지요. 스마트폰의 사용이 늘면서 사람들이 자투리 시간을 활용해 볼 수 있는 동영상에 주목하게 되었어요.

1인 방송은 누구든 할 수 있어요. 약간의 장비와 프로그램을 익히면 가능하니까요. 하지만 쉽게 할 수 있다고 해서 아무렇게나 하면 안 돼요. 방송국에서 만드는 프로그램의 질이나 내용을 심의하는 기관이 있듯 많은 사람이 보는 방송은 갖춰야 할 요건들이 있거든요. 또한 엄청나게 쏟아지는 수많은 1인 방송 중 사람들에게 의미 있는 방송이 되려면 방송을 만드는 사람의 열정과 노력이 필요하답니다.

구독자 수 제로

떨리는 마음으로 내 채널에 접속했다. 조회 수는 얼마나 될까? 영상을 올린 지 하루가 지났으니까 꽤 많은 사람이 봤겠지? 구독자 수는 얼마나 될까? 하지만 첫술에 배부를 수 없으니까 조회 수는 한 천쯤 되려나? 그리고 구독자 수는 백 명쯤?

"앗! 이게 뭐야!"

내가 뭘 잘못 본 걸까? 나는 눈을 비비고 다시 보았다. 내가 올린 동영상 조회 수는 0, 그러니까 제로다. 당연히 구독자 수도 0. 말도 안 된다. 어떻게 이럴 수가 있지? 나는 내가 올린 동영상을 클릭해서 다시 보았다. 아나운서처럼 또박또박 말하고, 초통령이라고 불리는 크리에이터들처럼 귀엽고 발랄하게 잘했는데. 뭐가 문제인 걸까?

나는 현수와 윤서의 채널에 들어갔다. 둘 다 구독자 수도 많고, 어떤 영상은 조회 수가 20만인 것도 있었다. 나는 영상들을 클릭했다.

"아니 내 영상이랑 뭐가 다른 거지?"

아무리 들여다봐도 차이를 모르겠다. 나는 조급한 마음으로 이 채널 저 채널 다른 채널들을 살펴보았다.

"도대체 뭐가 문제인 거야?"

살짝 짜증도 났다. 별것도 아닌 영상들도 조회 수가 엄청 높은데 내가 열심히 찍어 올린 영상은 아무도 봐 주지 않는 이유를 도무지 알 수가 없다.

이런 내 마음도 모르고 학원 셔틀버스의 도착을 알리는 알람이 요란스럽게 울렸다. 또 학원에 빠지면 엄마한테 혼날지도 모른다. 나는 옷과 가방을 주섬주섬 챙겨 셔틀버스를 탔다. 몸은 학원으로 가고 있지만 내 마음은 콩밭 아니 유튜브에 가 있었다.

"와, 장난 아니다. 최고, 최고!"

"대박, 통 TV 진짜 웃긴 거 같아."

"그러게 이름처럼 통통 튄다. 어쩜 이렇게 웃기냐!"

셔틀버스 뒷자리에 앉은 아이들이 키득거리며 뭔가를 보고 있었다. 가만 들어 보니 통 TV라는 유튜브 채널을 보고 있는 것 같았다. 나는 머릿속에 반짝하고 불이 켜지는 느낌이 들었다. 맞다! 그거다. 바로 이름이 문제였다. 내 이름을 딴 채널은 사람들의 흥미를 끌기에 부족했던 거다. 윤서가 윤서 TV라고 했길래 나도 슬쩍 따라 해 보았던 건데. 생각해 보니까 윤서도 윤서 TV 앞에 만들기 짱짱이라는 이름을 붙였던 것이 떠올랐다.

"역시 이름이 중요해!"

"어? 뭐라고?"

"무슨 이름?"

내 목소리가 너무 컸는지 셔틀버스 안에 있는 아이들이 모두 나를 쳐다보았다.

"아, 아무것도 아니야."

나는 태블릿 피시를 꺼냈다. 조금 전까지만 해도 꼴도 보기 싫었던 태블릿 피시다. 하지만 나는 금세 기분이 바뀌어서 다시 유튜브 채널에 접속했다. 여전히 내가 올린 영상의 조회 수는 제로였다. 하지만 괜찮다. 금세 조회 수를 높일 방법이 생각났으니까.

나는 채널 이름을 바꾸려고 설정 페이지를 살펴보았다. 하지만 아무리 들여다보아도 이름 수정하는 곳을 찾을 수 없었다.

"서연아, 뭐 하니? 얼른 내려야지."

안전 담당 선생님이 재촉할 때까지 나는 태블릿 피시를 들여다보느라 정신이 없었다. 학원 수업 때도 마찬가지였다.

"안 되겠다. 차라리 탈퇴하고 다시 시작하는 게 낫겠어."

수업은 이미 내 관심 밖이었다. 맨 뒷자리에 앉아 선생님의 눈을 피해 나는 다시 구글에 가입해 채널을 새롭게 만들었다. 얼른 집에 가서 다시 영상을 찍어 업로드할 생각에 엉덩이가 들썩거렸다.

"서연아, 오늘따라 왜 이렇게 수업에 집중을 못 하니? 자꾸 뭘 들여다보는 거야?"

결국 영어 선생님께 야단도 맞았다. 늘 잘한다고 칭찬만 해 주시던 선생님께 야단을 맞으니 창피하기도 하고 속상하기도 했다. 하지만 지금은 내 유튜브 채널에 구독자 수를 늘리는 것이 더 중요하다.

영어 학원에서 돌아오자마자 손도 안 씻고 나는 또 영상을 촬영했다. 한마디 한마디에 더 힘을 주고, 더 밝게 웃고, 살짝 과장되게 몸을 움직였다.

"이번 건 틀림없겠지."

처음보다 30분이나 더 걸려 촬영한 영상을 새로 만든 채널에 올렸

다. 엄마 아빠와 저녁을 먹고, 엄마 눈치를 살피며 후다닥 숙제를 하고, 목욕을 한 후에야 나는 내 방에 들어와 유튜브에 접속할 수 있었다.
"에이 씨!"
나도 모르게 거친 말이 나왔다. 내가 얼마나 공을 들였는데! 또 제로다. 아무도 내 영상을 보지 않았다. 알 수 없는 배신감과 허무함과 분노가 밀려왔다.
"아, 도대체 이유가 뭐야!"
현수랑 나랑 뭐가 다른 거

지? 한시라도 빨리 현수보다 많은 구독자를 갖고 싶다. 윤서보다도 더 많이. 그래서 나도 대단하다는 소리를 듣고 싶다. 그런데 결과는 왜 이 모양일까? 대체 뭐가 잘못된 걸까?

나는 화가 나서 새로 만든 채널을 삭제하고 구글에서 탈퇴해 버렸다. 자려고 누웠지만 분해서 잠도 오질 않았다. 나는 모두가 잠든 새벽, 몰래 일어나 구글에 다시 가입을 했다. 하지만 영상은 올리지 않았다. 조금 더 신중하게 고민해야겠다는 생각이 들었기 때문이다.

"너희들 구독하는 채널 있어? 왜 그 채널을 구독하는데?"

나는 학교에서 쉬는 시간마다 반 친구들에게 유튜브 구독 채널을 물어보았다. 학원에서도 마찬가지다. 생각보다 많은 아이들이 자신이 좋아하고 구독하는 채널에 대해 이유가 명확했다.

아무 생각 없이 유튜브를 돌아다니다가 구독을 하는 것이 아니었다. 재미 요소를 꽤 날카롭게 분석하는 아이들도 있었다. 그리고 꽤 많은 아이들이 라이브 방송을 하면서 채팅을 재미있게 하는 크리에이터들을 좋아했다.

현수의 채널에서도 현수가 라이브 방송을 하는 것을 본 적이 있다. 윤서도 그렇고. 내가 왜 라이브 방송을 생각하지 못했을까?

나는 집에 와서 온종일 친구들한테 물어보고 얻은 내용들을 바탕으로 새로운 영상을 만들었다. 무작정 구독자 수가 많은 유튜브 크리에이터를 따라 하는 것만이 좋은 것은 아니었다.

"생각보다 어렵네. 현수가 하는 걸 보니 되게 쉬워 보였는데. 하지만 뭐 짧은 시간에 이렇게 많이 분석하고 파악한 애는 나밖에 없을 거야. 잘할 수 있어. 아자, 아자! 박서연 파이팅!"

나는 거울을 보며 자신감을 불어넣었다. 그리고 내 채널에 접속해 새로 만든 영상을 올렸다. 이번에는 제발 조회 수도 생기고, 구독자도 생기면 좋겠다는 생각이 들었다. 사실 아주아주 간절하다.

"서연아, 너 무슨 걱정 있어? 왜 이렇게 불안해 보일까?"

저녁 먹을 때 엄마가 물어봐서 하마터면 유튜브 채널에 대해 이야기할 뻔했다. 하지만 학원까지 빼먹어 가며 유튜브 채널을 만든 것을 엄마가 알면 좋아하지 않을 것 같아서 참았다. 그리고 괜히 현수를 따라 하는 것이라고 오해받는 것도 싫다.

나는 저녁을 먹고 숙제를 끝낸 뒤 천천히 씻었다. 그리고 잠옷으로 갈아입고 침대에 눕기 전, 떨리는 마음으로 내 채널에 접속했다.

"아싸!"

드디어 내 영상을 본 사람들이 생겼다. 조회 수가 무려 7이나 되었다. 어떻게 보면 아주 작은 숫자이지만 그래도 기분이 좋았다. 내 영상

을 봐 준 일곱 명의 사람들이 무척 고맙게 느껴지기도 했다.

검색을 통해 안 사실인데 유명 크리에이터들 중에도 처음에는 자신이 올린 영상을 봐 주는 사람이 없어 좌절하거나 포기하려고 했던 사람들이 많다고 한다.

처음엔 0이라는 숫자에 너무 화가 났는데 그건 내가 뭘 잘 몰랐던 거다. 몇십만의 구독자를 가진 유명 크리에이터 중에도 첫 영상은 조회 수가 1이거나 구독자가 생기는 데 한 달이나 걸린 사람이 있었다는 거다. 그렇게 치면 난 첫 영상에 조회 수가 7이나 되는 거니까 꽤 괜찮은 거다.

나는 공지 글을 올렸다. 이번에는 라이브 방송을 해야겠다는 생각이 들어서였다. 유튜브의 매력은 소통이라고 그랬다. 방송을 하면서 내 방송을 봐 주는 시청자들과 채팅 창을 통해 대화를 할 수 있기 때문이다.

나는 책을 많이 읽어서 편지를 꽤 잘 쓴다. 편지 쓰기 대회에 나가서 상도 여러 번 받았다. 라이브 방송을 하면서 내 영상을 봐 주는 사람들과 멋진 글솜씨를 뽐내며 대화를 해야겠다. 그러면 구독자 수가 많아질 게 분명하다!

구독자 수가 의미하는 것은?

유명한 유튜브 크리에이터들에게는 공통점이 있어요. 바로 구독자 수가 많다는 것이지요. 방송국에서 방송 프로그램을 만들고 시청률이 얼마큼 나왔는지 신경을 쓰는 것처럼 유튜브 크리에이터들도 자신의 채널을 구독하는 구독자가 얼마인가에 신경을 쓴답니다. 유튜브 자체에서도 그렇고요. 구독자 수가 많아지면 유튜브에서 버튼을 준다고 해요.

실버 버튼은 구독자 수가 10만 명일 때
골드 버튼은 구독자 수가 100만 명일 때
다이아몬드 버튼은 구독자 수가 1000만 명일 때
루비 버튼은 구독자 수가 5000만 명일 때 받을 수 있어요.

실버 버튼   골드 버튼

실버·골드·다이아몬드 버튼은 유튜브 재생 버튼 모양인 데 반해 루비 버튼은 모양과 색깔이 정해져 있지 않고, 받는 사람에 맞게 디자인되어요. 구독자 수가 5000만 명이 넘는 것은 아주 힘들고 드문 일이기 때문이지요. 유튜브는 구독자 수가 처음으로 5000만 명을 넘은 유튜브 크리에이터 퓨디파이에게 루비색 기념 버튼을 만들어서 증정했는데, 이 때문에 루비 버튼이라고 불려요.

　그렇다면 왜 구독자 수가 중요할까요? 방송국에서 만든 방송 프로그램의 시청률이 높을수록 그 프로그램에 출연한 연예인들의 인기가 높아지고, 그 프로그램에 광고 수익이 많아지는 것과 비슷해요.

　구독자 수가 많은 채널일수록 영향력이 커지고, 그 채널을 운영하는 유튜브 크리에이터가 유명해지고, 광고 수입원도 많아지거든요. 광고주들은 많은 사람이 관심을 갖고 꾸준히 영상을 보는 곳에 광고를 내고 싶을 테니까요.

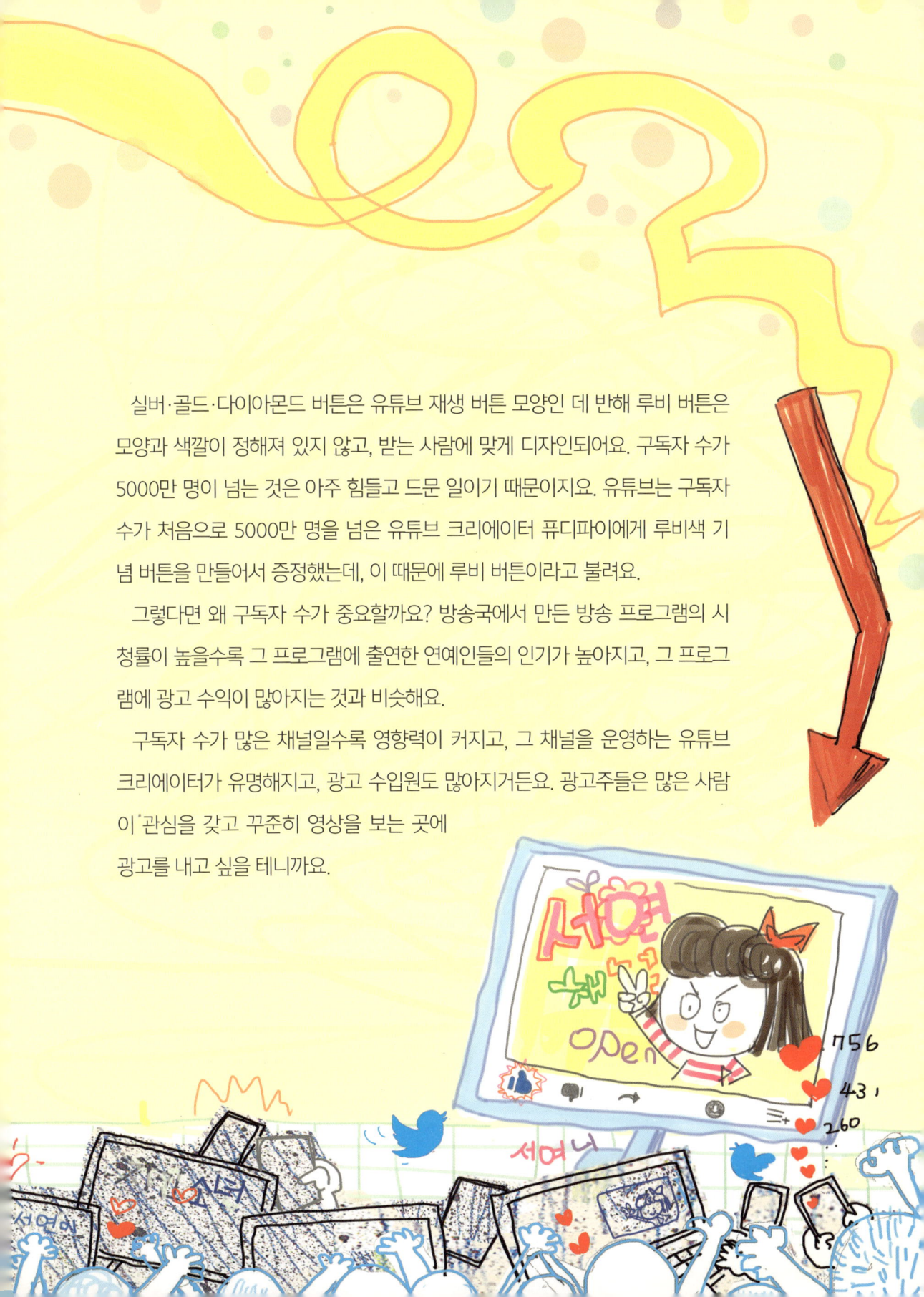

크리에이터가 되고 싶다고요? 제가 그 비결을 알려 드릴게요!

라이브 방송이란?

방송국에서 만드는 방송 프로그램에는 라이브 방송과 미리 촬영한 후 편집해서 내보내는 녹화 방송이 있어요. 라이브 방송은 생방송이라고도 하는데, 프로그램의 제작과 방송이 동시에 이루어져서 **시청자들이 실시간으로 방송을 볼 수 있어요.**

라이브 방송은 현장의 생동감을 전달할 수 있다는 장점이 있는 데 비해 예상치 못한 사고나 출연자의 실수를 그대로 방송에 내보내게 된다는 단점이 있어요.

미리 촬영한 내용을 내보내는 녹화 방송은 예상 밖의 상황이 발생하면 다시 촬영할 수 있다는 장점이 있어요. 또한 실제 방송되는 시간보다 많은 양을 촬영한 후에 방송 시간에 맞게 편집을 해서 내보낼 수도 있지요.

 콘서트나 공연처럼 현장의 생생한 열기를 그대로 전달해야 하는 방송의 경우 라이브 방송을 많이 하고, 드라마처럼 출연하는 사람이 많고 스튜디오가 아닌 곳에서 촬영을 많이 하는 경우는 녹화 방송을 많이 해요.

 유튜브 채널에서도 미리 촬영하여 업로드하는 형태가 많지만 라이브 방송 역시 많이 한답니다. 자신의 채널을 보는 시청자들과 실시간으로 채팅을 통해 소통하면서 방송을 하는 경우가 많기 때문이에요.

 또 유튜브 채널은 개인의 상상력, 창의력, 아이디어와 끼로 만들어지는 방송이다 보니, 채널을 운영하는 크리에이터 혹은 출연자의 실수조차 재미의 일부분이라고 보는 분위기지요. 그래서 많은 크리에이터들이 라이브 방송을 즐긴답니다. 라이브 방송에서 시청자들이 전혀 예측하지 못하는 돌발 상황들이 생기는 것을 오히려 유튜브 방송만의 매력으로 만들기도 하지요.

유갓 님처럼 유명한 크리에이터가 되고 싶어요!

약속은 언제나 중요해!

오늘 오후 5시! 드디어 나의 첫 라이브 방송을 한다. 라이브 방송이라고 해서 크게 다를 건 없다고 마음을 다잡았지만 묘하게 떨린다. 촬영해 놓은 영상을 올릴 때는 말실수한 부분이나 잠시 할 말이 떠오르지 않아 머뭇거린 부분을 안 올릴 수 있다. 필요하면 다시 촬영하면 된다. 하지만 라이브 방송은 그렇지 않다. 내가 방송하는 것을 그대로 내보내기 때문에 실수하는 것까지 시청자가 전부 보게 되는 것이다.

다른 채널에서는 실수를 보는 것조차 재미있었지만 막상 내 실수를 누군가 보게 될지도 모른다고 생각하니까 마음이 조마조마했다.

어떤 방송을 할까 고민하고 있는데 갑자기 휴대 전화가 울렸다. 친구 유나였다. 유나가 무슨 일이지?

"어, 유나야, 웬일이야?"

"서연아, 오늘이 내 생일이거든. 원래는 생파 안 하려고 했는데 생각해 보니까 너무 아쉽단 생각이 들어서 갑작스럽게 생파를 하게 됐어. 선물은 준비할 필요 없고, 애견 카페 갔다가 피자 먹을 건데 올 수 있어?"

"애견 카페? 당연하지! 콜콜! 무슨 일이 있어도 갈게."

나는 강아지를 엄청, 엄청 사랑한다. 하지만 엄마의 개털 알레르기 때문에 집에서 강아지를 기를 수가 없다. 애견 카페라도 자주 가면 좋으련만 엄마는 애견 카페를 별로 좋게 생각하지 않는다.

나는 방금 전까지 라이브 방송 때문에 고민하고 있던 것도 까맣게 잊어버리고 옷과 가방을 챙겨 약속 장소로 나갔다.

가장 친한 친구 유나의 생일이라고 엄마한테 허락을 받은 덕분에 학원 수업도 빠지고 신나게 놀았다. 오랜만에 유튜브 생각에서 벗어나 재미있게 놀았다.

그러고 보니 한동안 유튜브에 사로잡히는 바람에 모든 관심사가 유튜브에만 쏠려 있었던 것 같다.

씻고 일기를 쓰려는데 갑자기 유튜브 라이브 방송 생각이 났다. 어이가 없어서 헛웃음이 나왔다. 유나에게 생일 파티 초대를 받기 전까지만 해도 어떻게 방송을 할까 고민하고 있었는데 이렇게 새까맣게 잊어버리다니! 나는 부랴부랴 내 채널에 접속해 보았다. 내가 올려놓은 영상 조회 수가 12로 올라 있었고 구독자 수도 두 명이나 되었다. 이상하다. 그렇게 초조하게 신경을 쓸 때는 구독자 수가 단 한 명도 없더니 웬일일까?

어, 게다가 누군가가 내 영상에 댓글도 달아 놓았다. 괜히 웃음도 나고 기분이 좋아졌다. 나는 얼른 댓글을 확인했다.

- 뭐야, 여기저기서 짜깁기한 내용이잖아. 정말 심하다.
- 헐! 라이브 방송 한다더니 펑크임?
- 첫방부터 결방이라니! 이 채널은 곧 망하겠군!
- 이 방송 안 본 눈 삽니다.
- 초딩의 수준이란!

기가 막힌다. 내 영상에 달아 놓은 댓글은 모두 안 좋은 내용뿐이었다. 이런 게 말로만 듣던 악성 댓글인가? 연예인들 기사에 악성 댓글을 다는 사람들이 많다더니. 유튜브 채널에도 그런 사람들이 있구나. 나는 마음을 가라앉히려고 심호흡을 했다. 하지만 100미터 달리기라도 한 것처럼 심장이 빨리 뛰고 식은땀이 났다. 자기들이 뭔데 나한테 이런 댓글을 다는 거지? 라이브 방송 약속을 한 번 안 지켰다고 얼굴도 모르는 사람들한테 이런 말을 들어야 하는 걸까? 속상하기도 하고 서럽기도 하고 화가 나기도 하고 마음이 뒤죽박죽 엉망진창이다.

나는 얼른 로그아웃을 해 버렸다. 하지만 그렇다고 내가 본 댓글들이 사라지는 건 아니었다. 누군가 깊이 새겨 놓은 것처럼 자꾸자꾸 떠올랐다.

누가 나에게 그런 댓글을 단 걸까?

나는 최대한 마음을 가라앉히고 다시 접속해서 댓글을 단 사람들을 클릭해 보았다. 누군지 전혀 알 수 없는 사람도 있고, 올려놓은 영상은 없이 채널만 만들어 놓은 사람도 있었다.

"뭐야, 정말. 자기들은 영상 하나 올려놓지 않았으면서 왜 남의 채널에 와서 이러쿵저러쿵 떠드는 거지? 치, 이런 사람들이 내 구독자면 뭐 해. 내가 힘들게 영상을 찍어서 올려놓으면 또 마음대로 평가하고 나쁜 글 달고 그럴 텐데."

나는 화가 나서 유튜브를 때려치워야겠다는 생각이 들었다. 사실 지금까지 유튜브 따위 안 하고도 잘만 살았다. 괜히 현수 때문에 유튜브에 발을 들여놓아서는 기분만 상하고 쓸데없이 바빠지기만 했다.

마음을 굳게 먹고 나는 채널을 삭제하기로 했다. 하지만 이상했다. 지난번처럼 쉽게 삭제 버튼이 눌러지지 않았다. 그새 내 채널에 애착이라도 생긴 걸까?

나는 멍하니 앉아 있다가 현수 채널에 들어가 보았다. 현수의 영상에도 나쁜 내용의 댓글을 다는 사람들이 있는지 궁금해졌기 때문이다. 이제 고작 조회 수 12에 구독자가 두 명밖에 안 되는 내게도 달리는 나쁜 댓글이 현수라고 없을까? 현수 채널에 들어가자 어마어마한 숫자

의 조회 수와 좋아요 표시가 보였다. 배경 화면도 새롭게 꾸몄는지 지난번보다 더 근사해 보였다.

그동안은 좋아요랑 조회 수, 구독자 수 확인만 하고 정작 현수가 올려놓은 영상들은 대충 보았다. 너무 많기도 했고, 내가 게임에 관심이 없기 때문에 재미없을 거라 생각했기 때문이었다. 사실 짧은 영상도 처음부터 끝까지 다 본 적이 없다. 대충 영상 목록 살펴보고, 조회 수가 가장 높은 것만 클릭해서 중간중간 끊어 보았다.

나는 현수의 채널을 다시 차근차근 살펴보았다. 현수는 일주일에 적어도 두 번 이상은 업로드를 하고 있었다. 게다가 한 번은 라이브 방송이었다. 현수는 생각보다 성실하게 채널을 운영하고 있었다. 채팅 창이나 댓글 관리도 꽤 잘하는 것 같았다. 모든 면에서 내가 늘 현수보다 낫다고 생각했었는데. 기분이 이상하다.

현수의 채널에서 인기 동영상들을 클릭해 처음부터 끝까지 보았다. 라이브 영상도 제대로 차근차근 보았다. 현수한테 이런 면이 있었나 하는 생각이 들었다. 게임 용어, 아이템 관리, 승패를 결정짓는 요소에 대한 설명을 귀에 쏙쏙 들어오게 잘했다. 내가 아는 현수가 저 영상 속에 나오는 현수랑 같은 사람이라는 게 믿기지 않을 정도였다.

"서연아, 엄마 오는 것도 모르고 뭐 해?"

오늘은 도서관에 야간 강의가 있어서 엄마가 늦게 오는 날이다. 현수 영상에 너무 빠져 있느라 엄마가 퇴근해서 집에 들어온 것도 몰랐나 보다.

"너도 현수 채널 구독하니?"

"어, 엄마도 현수 채널 구독해? 그런데 엄마도 유튜브 자주 봐?"

엄마가 현수 채널을 구독한다는 것도, 유튜브에 관심이 있다는 것도 놀라웠다.

"사실 도서관 유튜브 채널을 만들까 생각 중이거든. 그래서 몇몇 인기 있는 채널들을 살펴보고 있어."

"도서관도 유튜브 채널을 만든다고?"

개인만 유튜브를 하는 게 아닌가? 나는 도서관이 유튜브를 한다는 게 신기했다.

"도서관에서 하는 행사도 홍보하고, 도서관 소식도 알리려고. 도서관이 이제는 단순히 책만 보는 곳이 아니거든. 주민들을 위한 복합 문화 공간이 되어야 하는데, 그러려면 주민들과 가깝게 소통할 필요가 있고 그 방법으로 유튜브가 제격인 것 같아서."

아, 엄마의 설명을 듣고 나니 이해가 됐다.

"현수가 유갓을 멘토로 삼은 다음부터 채널 수준이 아주 높아졌어.

코딩을 배워서 그런지 편집 기술도 좋아졌고."

유갓? 코딩? 편집 기술? 엄마는 내가 모르는 것을 왜 이렇게 많이 알고 있을까? 나도 나름 잘나가는 유튜브 크리에이터들부터 유튜브에 대해 이것저것 조사했는데.

"엄마, 유갓은 누구야?"

"아, 유갓은 얼마 전에 책도 낸 유튜브 크리에이터야. 많은 유튜브 크리에이터들이 자신을 브랜드화해서 성공한 건 알고 있지?"

나는 엄마의 말에 고개를 끄덕였다. 구독자 수가 100만 명이 넘는 아주아주 유명한 크리에이터들이 있다. 이들은 자신의 채널이나 자신을 브랜드화하는 데 성공한 사람들로, 연예인에 버금가는 인기를 누리면서 수입도 엄청나게 많다고 한다.

"유튜브 크리에이터들이 인기가 높아지고 많은 사람들의 관심의 대

상이 되면서 고민해야 할 부분도 많이 생겼어. 누구나 유튜브 채널을 운영하면서 수익을 올릴 수 있잖니. 그러다 보니 아무 준비 없이 채널을 만들거나 구독자 수를 늘리기에만 급급한 크리에이터들이 많아졌어. 또 이용자들 중에 예절을 지키지 않는 사람들도 많고."

"악성 댓글 다는 사람들 말이지? 그런 사람들 좀 혼내 줄 수 없어?"

"그래서 미디어 윤리 교육이 중요해. 온라인상에서도 예절이 필요하다는 걸 많은 사람들이 깨달아야 하는데 말이야."

"미디어 윤리 교육? 그건 뭐야?"

"서연이가 유튜브에 대해 관심이 많구나. 이럴 게 아니라 다음 주에 유갓이 우리 도서관에서 강연하는데, 현수랑 같이 도서관에 와."

나는 엄마가 씻고 잘 준비를 하는 동안 유갓의 채널을 살펴보았다. 유갓은 법대에 다니는 학생인데, 현수처럼 게임 방송으로 시작했지만 지금은 굉장히 다양한 주제로 방송을 하고 있었다.

"아무나 할 수 있지만 아무렇게나 하면 안 되는 거네."

나도 모르게 '후유!' 한숨이 나왔다. 현수에게 지기 싫다는 생각에 내가 너무 유튜브를 만만하게 본 것 같다. 인터넷 검색과 책 몇 권 훑어본 것만으로 유튜브 세상에 대해 잘 안다고 믿었던 게 아무래도 큰 실수 같다.

성공한 크리에이터들

많은 사람들에게 사랑받는 채널을 운영하며 유명해진 크리에이터들을 향해 자신 혹은 자신의 채널을 브랜드화하는 데 성공했다고 말해요. 성공한 크리에이터 몇 명을 소개할게요.

대도서관TV - 대도서관 회사에 다니며 아프리카TV라는 곳에서 1인 방송을 하다가 유튜브 채널로 옮겨 왔어요. 구독자 수가 200만 가까이 되는 대도서관은 게임 방송을 진행하며 사람들의 관심과 사랑을 받게 되었는데, 욕설을 하지 않고 시청자들과 소통을 하며 게임을 잘 모르는 사람도 즐길 수 있는 방송을 하고 있어요. 자신만의 콘텐츠를 만드는 방법과 인기 있는 크리에이터가 되는 방법을 담은 책도 냈어요. '엉클대도'라는 회사를 만들어 대표 크리에이터로 활동하며 운영하고 있답니다.

ⓒ연합뉴스

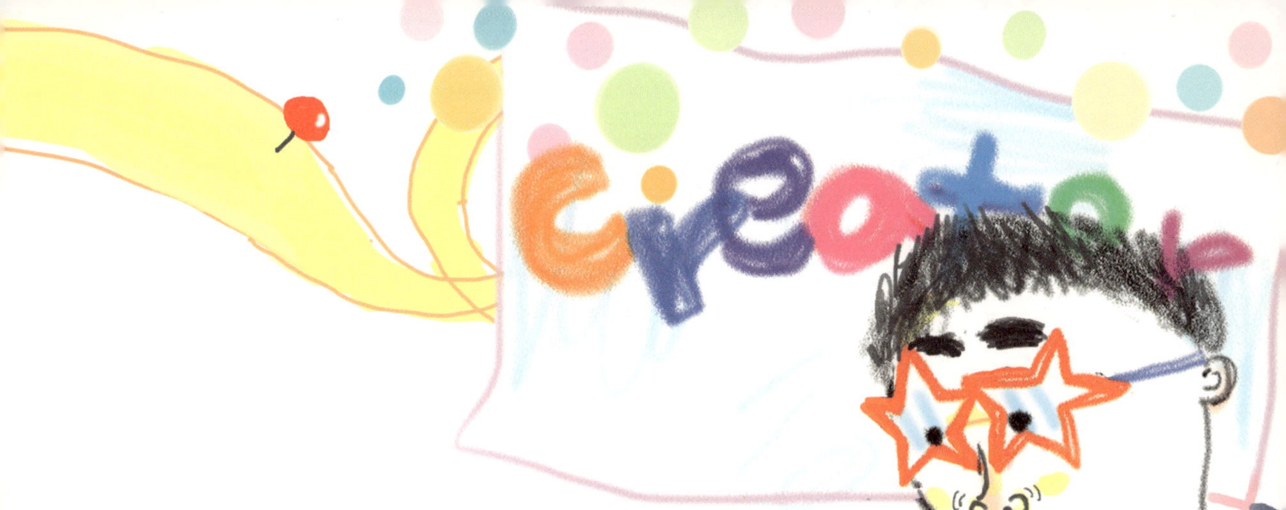

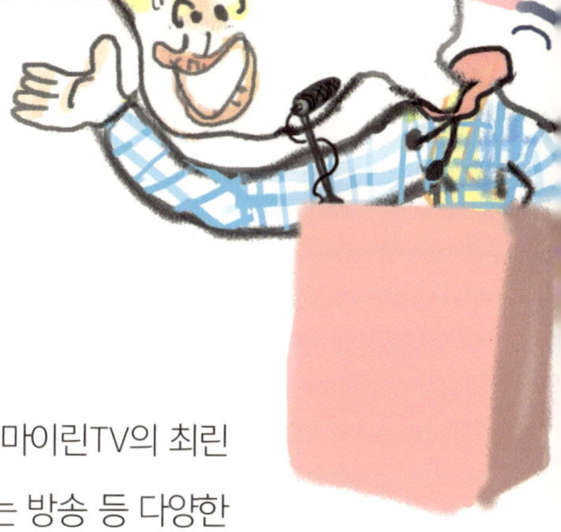

간니닌니 다이어리 - 간니닌니 간니와 닌니라고 불리는 키즈 크리에이터 자매의 일상을 다룬 채널이에요. '오늘은 뭐 하고 놀까?'라는 콘셉트로 자매가 체험하고 노는 소탈한 모습의 영상을 올려 인기를 얻기 시작했어요.

마이린TV - 최린 활약이 대단한 키즈 크리에이터 중 하나인 마이린TV의 최린 친구는 어린이들이 관심 있어 할 만한 놀잇감은 물론이고 먹는 방송 등 다양한 주제로 방송을 하고 있어요.

이 밖에도 먹방쿡방 크리에이터 '소프', 축구 중계방송을 하는 크리에이터 '감스트', 장난감을 가지고 노는 방송으로 유명해진 '헤이지니' 등이 자신만의 개성을 담은 채널을 운영하며 성공한 크리에이터로 불리고 있답니다.

먹방은 먹는 모습을, 쿡방은 요리하는 모습을 보여 주는 방송을 말해!

유튜브에도 예절이 필요해!

인터넷의 발달로 온라인 세상이 점차 커지면서 그 안에서 지켜야 하는 미디어 윤리에 대한 관심이 높아졌어요. 인터넷에서는 어떤 행동을 한 사람이 누구인지 바로 드러나지 않는 특성이 있어요. 바로 이러한 익명성 때문에 다른 사람이 올린 글이나 사진 등에 악의적인 댓글을 달거나 욕설을 남기는 경우가 많았지요.

그 글을 본 사람 중에는 누가 남긴지도 모르는 댓글을 뜬소문으로 생각하고 대수롭지 않게 여기는 사람들도 있었지만, 무턱대고 진짜라고 믿고 더 심하게 욕하는 사람들도 있었어요. 악성 댓글 때문에 자살하는 사람까지 생기자 사회 분위기가 달라졌어요.

사이버 수사대를 통해 댓글을 남긴 사람을 추적할 수 있게 되었고, 내가 남긴 댓글로 인해 누군가 상처를 받아 죽음을 선택할 수도 있다는 사실에 경각심(정신을 차리고 주의 깊게 살피어 조심하는 마음)을 가지게 된 사람들도 많아졌답니다.

유튜브 세상 역시 누군가의 채널과 영상에 악의적인 댓글을 남기는 사람들이 있어요. 자신이 악성 댓글을 남겼다는 것을 들키지 않기 위해 다른 사람의 아이디를 사용하는 방법을 쓰기도 하지요.

　누군가에게 나쁜 감정을 갖고 댓글을 남기는 것은 위험해요. 장난 전화처럼 단순히 심심풀이로 나쁜 글을 올리는 것도 아주 위험하고요. 재미 삼아 가벼운 마음으로 썼다고 하더라도 댓글을 본 사람이 정신적인 피해를 받거나 고통을 받은 것이 증명되면 법적인 처벌을 받게 됩니다.

　사람과 사람이 직접 마주하지 않는 온라인 세상이라고 해서 함부로 말하거나 예절을 지키지 않으면 안 돼요. 온라인 세상도 엄연히 규칙과 질서와 예절이 존재하는 곳이고, 그런 것들이 잘 지켜져야 더 행복한 세상이 될 수 있기 때문이에요.

　크리에이터들이 만든 동영상을 존중하고 예의 바르게 즐기는 태도가 유튜브 세상을 더 즐겁고 활발하게 만든다는 것을 잊지 말아야 해요. 크리에이터 역시 자신의 채널을 찾아와 주는 이용자들에게 예의를 지켜야 하고요.

지금이 중요해!

늘 조용하던 집이 시끌벅적해졌다. 오늘은 아빠 생신이라 할머니, 할아버지, 현수네 가족들에 고모까지 모두 우리 집에 모였다.

저녁을 먹은 후 나와 현수는 내 방으로 갔다. 나는 현수가 집에 왔을 때부터 현수에게 물어보고 싶은 게 진짜 많았다. 그래서 현수가 언제 밥을 다 먹나 계속 눈치를 살폈다. 그런데 현수도 내게 궁금한 게 많은지 저녁을 먹자마자 내 방으로 가자는 신호를 보냈다.

평소라면 거실 텔레비전 앞에 붙박이처럼 앉아 있거나 아니면 어른들 눈을 피해 게임에 빠져 있을 텐데 신기한 일이었다. 하긴 요즘 현수는 볼 때마다 신기하다.

지난주에 엄마가 일하는 도서관에서 유갓의 강연이 있었다. 생각보다 강연장에 사람이 많아서 진짜 깜짝 놀랐었다. 사람

들이 유튜브 크리에이터에 대해 관심이 정말 많은 것 같았다.

유갓의 강연이 끝난 후에 질문 시간이 있었는데, 사람들이 얼마나 질문을 많이 하는지 강연 시간보다 길었다. 도서관 관계자가 끊지 않았으면 아마 밤을 새웠을지도 모른다. 강연에 참석한 사람 중 가장 질문을 많이 한 사람이 신기하게도 현수였다.

"서연아, 너 역사책 많이 읽었지? 어떤 책을 읽어야 좋아? 선사 시대부터 시대순으로 읽는 게 아무래도 낫겠지? 네가 재미있게 읽었던 역사책은 어떤 거야? 혹시 너 삼국지도 읽었어? 참 북유럽 신화는?"

방에 들어서자마자 현수가 질문을 쏟아 냈다. 게다가 뜬금없이 역사책에 관한 질문이었다. 역사책과 현수는 정말 안 어울리는 조합 아닌가? 만날 게임에만 빠져 있던 현수가 갑자기 유튜브 크리에이터가 되더니 이제는 역사책? 아무리 생각해도 이유를 모르겠다. 게임과 크리에이터와 역사책이라니? 아무 연관이 없는 것 같은데 왜 현수는 난

데없이 역사책에 대해 관심이 생긴 걸까? 혹시 성적을 올리기 위해서 인가?

"유튜브 방송 이제 안 하려고? 유갓 만나고 오니까 공부해야겠다는 생각이 들었어? 아무래도 성적을 올리는 게 먼저인 것 같지?"

유갓이 그랬다. 유튜브 크리에이터로 오랫동안 활동하려면 공부를 해야 한다고. 처음엔 그 말이 이해가 잘 안 갔다. 갑자기 웬 공부? 유갓이 대학생이라 그런 걸까? 하지만 곰곰이 생각해 보니 인기 있는 유튜브 크리에이터가 되려면 학교 공부를 잘하는 게 못하는 것보다 유리할 것 같긴 하다. 공부를 잘한다는 것은 학교생활을 열심히 하고 있다는 것을 의미하기도 하니까.

"특히 키즈 크리에이터 분들! 혹은 장래 희망이 크리에이터인 분들 명심하세요! 지금이 중요해요. 내가 지금 하고 있는 것이 무척 중요하다는 것을 잊지 말아야 해요. 그러니까 어린이 여러분한테는 지금 하고 있는 학교생활, 공부 이런 게 아주 중요하다는 거예요. 좋은 성적을 받아 이름 있는 대학에 가라는 게 아니라 뭘 하든 자신이 지금 속해 있는 곳에서 성실히 열심히 해야 한다는 거예요."

유갓은 몇 번이나 강조했다. 사람들한테 오랫동안 사랑받는 크리에

이터가 되려면 공부와 학교생활을 게을리하면 안 된다고. 혹시 현수가 유갓의 말 때문에 역사책을 읽으려는 걸까? 그런데 성적을 올리려면 현수한테는 역사책보다 영어, 수학이 더 중요할 텐데.

"공부를 열심히 해야겠어. 유갓도 그랬잖아. 콘텐츠 개발을 위해서는 다양한 분야의 공부가 필요하다고. 나는 게임 방송으로 시작했다고 너무 그쪽으로만 생각한 것 같아서."

맞다. 콘텐츠 개발! 유갓이 학교 공부 얘기도 했지만 다양한 분야의 책을 읽고 생각하고 공부하라고 했다. 유갓은 영어, 수학 성적을 올리는 것만이 공부가 아니라고 했다. 다양한 분야에서 경험을 하는 것도 공부고, 누군가의 마음을 어루만지고 읽어 내는 것도 공부라고 했다.

"유갓이 그랬잖아. 아무나 할 수 있는 게 크리에이터지만 아무렇게나 해서는 절대 성공할 수 없다고. 나 게임 시나리오 쓰는 것도 공부해 보려고. 역사책을 읽어 두면 도움이 많이 될 것 같아."

"아! 게임 시나리오."

게임 방송을 하는 어른 크리에이터 중에 직접 게임을 만드는 사람도 있다고 했다. 현수도 그런 방송을 하려는 걸까?

"구독자 수도 많아지고 소속사에서 연락도 오고 하니까 책임감이 느껴지는 것 같아."

"소속사? 소속사에서 연락이 왔다고?"

나도 모르게 엄청나게 큰 소리로 외쳐 버렸다.

"어. 소속사에서 연락이 왔지 뭐야. 그것도 유갓이 소속되어 있는 회사 골드문트에서."

"진짜? 골드문트에서 연락이 왔다고?"

나는 검색하다 봤던 내용들이 줄줄 떠올랐다. 골드문트는 우리나라에서 가장 먼저 생긴 유튜브 크리에이터 전문 회사다.

연예인들이 속해 있는 소속사와 유튜브 크리에이터들이 소속되어 있는 소속사는 닮은 듯하지만 조금 다르다. 유튜브 크리에이터들이 소속되어 있는 소속사에서는 크리에이터들이 조금 더 좋은 환경에서 자신의 채널에 영상을 올릴 수 있도록 관리해 준다.

"뭐야? 뭐야? 진짜야? 진짜 거기서 연락이 온 거야?"

언제 들어왔는지 고모가 더 호들갑을 떨었다. 고모는 언제나 현수 편이었다. 웹툰 작가인 고모는 현수가 게임에만 빠져 있을 때도 현수가 나중에 프로 게이머가 될지도 모르니 너무 혼내지 말라고 했었다. 아마 고모가 만날 만화만 본다고 할머니, 할아버지한테 구박을 받다가 웹툰 작가로 데뷔했기 때문일지도 모른다.

"와, 우리 현수 진짜 대단하다."

"연락을 받고 나니 마음이 싱숭생숭해. 소속사에 들어가면 지금 보다 훨씬 잘해야 할 것 같거든. 그래서 요즘 생각이 많아. 답답한 것도 있고 해서 유갓이랑 메일을 주고받았는데. 결론은 내가 변해야 할 것 같아."

고모는 대견한 눈빛으로 현수를 바라보았다. 그런데 난 이해가 잘 안 갔다. 왜 현수가 변해야 한다는 걸까?

"어? 그게 무슨 소리야?"

"사실 처음엔 그저 게임하는 게 좋아서 유튜브를 시작했거든. 채널 만드는 것도 영상 올리는 것도 만만해 보이더라고. 그런데 하면 할수록 채널을 운영하는 건 쉬운 일이 아니었어. 고민도 많이 해야 하고, 준비도 많이 필요하더라고."

현수도 나와 같은 고민을 했었구나!

"나를 믿고 응원해 주는 구독자들에게 실망감을 주고 싶지 않아. 처음엔 아주 유치한 영상 하나로 시작했지만 경험이 쌓이고 실력도 늘어 가면서 영상을 찍는 기술이나 편집하는 기술이 좋아졌던 것처럼 나 박현수도 멋지게 성장하고 싶어."

갑자기 현수가 유갓처럼 보였다. 조용히 천천히 그러나 힘 있게 한 마디씩 하던 유갓의 모습과 지금 내 앞에 서 있는 현수가 아주 닮아 보였다.

"얼렁뚱땅해서는 안 되는 것 같아. 크리에이터들 중에 구독자 수 늘리려고 자극적인 영상을 찍어 올리기도 한다는데 그건 너무 책임감 없는 행동 같아. 사실 구독자가 한두 명 늘기 시작할 때 나도 그런 생각을 안 해 본 건 아니야. 하지

만 그런 방법으로 구독자 수를 늘리고 돈이 생겼다면 지금처럼 보람을 느꼈을까? 아니었을 것 같아."

"우아, 우리 현수가 정말 많이 성장했구나. 고모 정말 감동했어."

고모는 울먹거리기까지 했다.

현수는 단순히 인기를 얻거나 돈을 벌기 위해서 유튜브 크리에이터를 하고 싶은 게 아닌가 보다. 그럼 현수가 유튜브 크리에이터를 하려는 진짜 이유는 뭘까?

"그럼 왜 유튜브 크리에이터를 하는 거야?"

"내가 잘할 수 있는 것을 찾아 가는 과정이기도 하고, 또 내가 가진 아이디어를 영상으로 만들어 표현하는 게 너무 즐거워. 처음 시작은 게임이었지만 여러 분야를 공부해서 앞으로는 다양한 콘텐츠로 방송을 해 보고 싶어. 우선은 역사책을 읽어서 역사 속 인물을 가지고 게임 시나리오를 써서 방송해 보려고."

나보다 잘하는 게 없고 어른들한테 야단만 맞던 현수가 저렇게 멋진 말을 하다니!

"고모는 잘 모르겠지만 많은 사람들의 공감을 얻고 사랑을 받는 크

리에이터가 되려면 많은 준비가 필요한 것 같긴 해. 이미 많은 인기를 얻은 연예인이라고 해서 크리에이터로 성공하거나 사랑받는 건 아니라고 하더라. 열린 마음으로 소통하고 또 자신의 채널을 잘 운영하기 위해서 새로운 콘텐츠 개발을 하기 위해서 끊임없이 노력해야 하는 것 같아."

고모는 유튜브에 별 관심 없어 보였다. 그런데 어쩜 미리 준비한 듯이 이렇게 멋진 말을 하는 거지?

"고모도 유튜브 많이 봐?"

"가끔 봐. 그런데 유튜브뿐만 아니라 세상 모든 일이 비슷한 것 같아서. 한 분야에서 두각을 나타내려면 결국엔 자신만의 신념을 갖고 노력해야 하는 것 같아. 웹툰도 비슷하거든. 만화라고 우습게 보면 안 돼. 정말 공부를 많이 해야 하거든. 많은 사람들의 공감을 얻고 사랑받는 작품을 쓰려면 정말 많이 노력해야 해. 또 연재 날짜를 어기면 절대 안 돼. 그건 독자들과의 약속을 깨뜨리는 거니까. 한번 믿음을 잃으면 되찾기 힘들거든."

아, 그러고 보니 고모의 직업인 웹툰 작가도 크리에이터와 비슷하다. 늘 새로운 작품을 만들어야 하니까. 그리고 연재 날짜를 어겨서 독자들의 신뢰를 잃는 것과 방송 업로드를 성실히 하지 않아 구독자들의 신뢰를 잃는 것도 비슷한 것 같다.

그런데 나는 왜 유튜브 크리에이터를 하려고 했던 걸까? 현수보다 내가 더 잘할 수 있다는 것을 보여 주기 위해서? 설마 고작 그 이유 때문이었을까?

유튜브 크리에이터는 어떻게 돈을 벌까?

구독자 수가 많은 유명한 유튜브 크리에이터들은 돈을 많이 번다고 알려져 있어요. 크리에이터는 어떻게 수입을 얻을까요?

첫째, 광고를 싣고 생기는 수익이에요.

예전과 달리 지금은 많은 광고주가 유튜브를 선택하고 있답니다. 그렇다면 광고주가 텔레비전 방송 대신 유튜브에 돈을 주고 광고를 틀고 싶어 하는 이유는 무엇일까요? 우선 유튜브에서 광고를 하면 텔레비전에서 하는 것보다 비용이 적게 든다는 장점이 있어요. 그리고 영상의 앞이나 중간에 광고가 들어가서 크리에이터의 영상을 보는 사람들이 자연스럽게 광고를 보게 된답니다. 사람들이 광고 전체를 시청하거나 광고를 클릭하는 등 광고가 노출되는 정도에 따라 광고 수익이 생기게 되지요.

둘째, 일명 PPL이라고 부르는 간접 광고 수익이에요.

기업 등에서 제품을 받아 자신의 영상에 그 제품을 자연스럽게 노출시켜 주고 수입을 얻는 것이에요. 채널의 구독자들은 영상을 보면서 크리에이터가 착용한 옷이나 신발, 액세서리 혹은 먹고 마시는 모든 것에 관심을 가질 수 있어요. 이러한 관심과 호감

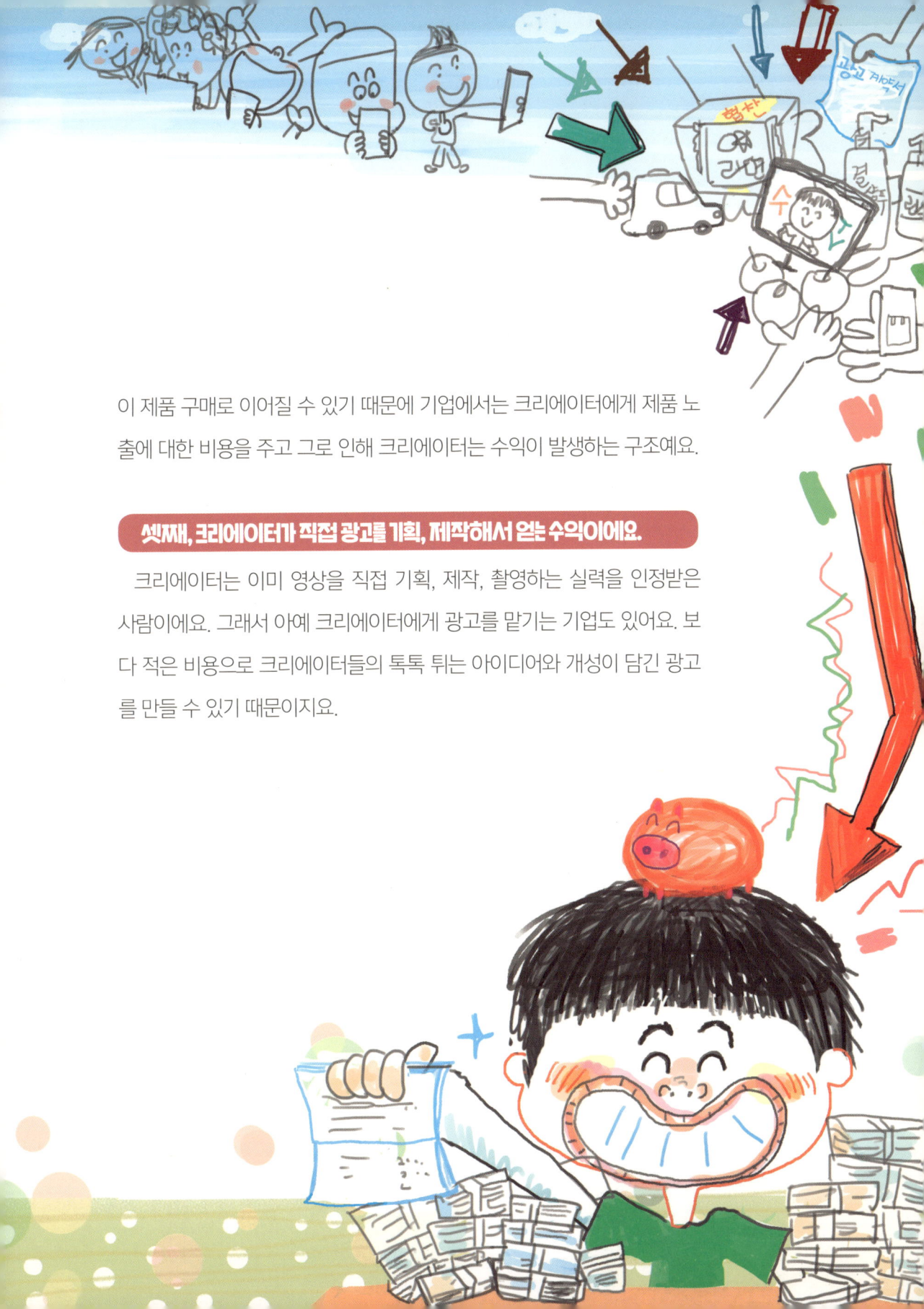

이 제품 구매로 이어질 수 있기 때문에 기업에서는 크리에이터에게 제품 노출에 대한 비용을 주고 그로 인해 크리에이터는 수익이 발생하는 구조예요.

셋째, 크리에이터가 직접 광고를 기획, 제작해서 얻는 수익이에요.

크리에이터는 이미 영상을 직접 기획, 제작, 촬영하는 실력을 인정받은 사람이에요. 그래서 아예 크리에이터에게 광고를 맡기는 기업도 있어요. 보다 적은 비용으로 크리에이터들의 톡톡 튀는 아이디어와 개성이 담긴 광고를 만들 수 있기 때문이지요.

꾸준히 콘텐츠를 개발하려면?

　많은 유튜브 크리에이터가 자신의 채널을 꾸준히 찾는 구독자 수를 늘리기 위해 노력해요. 텔레비전 방송이 높은 시청률을 위해 노력하는 것과 마찬가지이지요. 사실 새로운 것을 창작해서 사람들에게 보여 주는 직업을 가진 사람이라면 누구나 같은 고민과 노력을 할 거예요.

　한 번 느낀 재미가 영원히 이어지지는 않거든요. 그래서 내가 만든 창작물에 대한 사람들의 관심을 지속시키려면 많은 노력이 필요해요. 작가가 새로운 작품을 쓰기 위해 다양한 경험을 하고 책을 읽고 공부하는 것과 마찬가지로 크리에이터에게도 노력이 필요해요.

　크리에이터 개인이 할 수 있는 노력에는 어떤 것들이 있을까요?

　채널의 정체성을 잘 찾는 것부터가 중요해요. 자신이 잘할 수 있고, 잘 아는 분야를 선택해 방송을 만들어야 성공할 확률이 높아요. 또한 누구를 대상으로 방송을 할 것인지 정하는 것도 중요해요. 모든 사람의 공감을 얻기란 쉽지 않으니까요.

REC ●

혼자 방송 전체를 책임지는 일은 쉽지 않아요. 원래 방송은 많은 사람들이 계획하고 협력해서 만들어지던 것이었으니까요. 짧은 방송을 만드는 것도 어려운 일이랍니다. 짧은 시간 안에 사람들의 마음을 사로잡고 기억되어야 하니까요. 그렇다고 강한 인상을 심기 위해 자극적이거나 폭력적인 내용의 방송을 만드는 것은 매우 위험한 일이에요.

내 채널을 찾은 구독자들이 흥미를 잃지 않도록 하면서 새로운 구독자를 늘리려면 크리에이터가 늘 노력하고 발전하고 있다는 것을 보여 주는 것이 중요해요. 그래서 어떤 크리에이터들은 소속사에 들어가기도 해요. 소속사는 크리에이터가 더 좋은 환경에서 방송을 잘할 수 있도록 도와주는 역할을 하거든요.

MCN(Multi Channel Network, 다중 채널 네트워크)이라고 불리는 크리에이터들의 소속사는 크리에이터가 방송을 만드는 데 도움을 주고, 저작권 관리나 광고 계약 같은 개인이 하기 어려운 업무를 대신 진행해 준답니다.

어떤 일이든 열정이 중요해!

"우아!"

나도 모르게 입이 딱 벌어졌다.

"현수야, 되게 멋지다."

엄마도 놀란 표정이었다. 오늘은 현수가 진행하는 라이브 방송을 구경할 겸 현수네 집에 왔다. 창고로 쓰던 방을 스튜디오로 바꾸었는데 되게 근사했다. 엄마가 스튜디오 구경을 마치고 큰엄마랑 차를 마시는 동안 나는 현수의 라이브 방송 준비를 돕기로 했다. 커다란 컴퓨터에 이름 모를 장비들이 가득한 현수의 스튜디오를 보니 기분이 이상했다. 이렇게 장비까지 구입하고 현수는 왜 소속사에 들어가지 않은 걸까?

"소속사 안 들어간 거 후회 안 해?"

현수는 소속사에 들어가지 않기로 했다. 대신 창고로 쓰던 방에 그

동안 모은 돈으로 산 장비를 설치해 간이 스튜디오를 꾸민 거다. 소속사에 들어가는 걸 큰아빠가 반대한 이유도 있지만 고민 끝에 내린 현수의 결정도 같았다고 했다.

난 현수가 당연히 소속사에 들어갈 거라고 생각했었다. 소속사에 들어가면 소속사의 지원 아래 구독자 수를 더 많이 늘리고 지금보다 훨씬 유명해질 수 있을 테니 말이다. 그렇게 되면 모르긴 몰라도 유명 연예인도 부럽지 않을 거다. 나라면 당장 소속사에 들어갈 텐데. 현수는 왜 그런 복을 스스로 뻥 차 버린 걸까?

"지금은 후회 안 해. 뭐 나중에는 후회할지도 모르지만. 아직은 혼자 해 보고 싶어. 소속사에 들어가면 내 꿈이 크리에이터 쪽으로 완전히 굳어 버릴 것 같았거든. 난 아직 해 보고 싶은 게 많단 말이야. 크리에이터 일을 하면서 내가 뭘 좋아하는지, 또 뭘 잘할 수 있는지 생각을 많이 하게 됐어."

"아!"

현수가 그런 생각까지 하고 있는 줄은 몰랐다.

"오늘 방송할 대본인데 한번 볼래?"

"어? 대본? 대본도 써?"

나는 현수가 내민 대본을 보고 놀랐다.

"당연히 대본을 써야지. 그냥 생각나는 대로 방송하면 실수가 많잖아."

아, 나는 왜 이 생각을 못 했을까? 아무리 준비를 많이 하고 연습을 한다고 해도 시간까지 가늠해서 써 놓은 대본이 있는 것보다는 실수가 많을 게 뻔하다.

"정말 그렇겠다. 그런데 오늘은 라이브 방송이잖아. 라이브 방송도 대본이 필요해?"

"라이브 방송이니까 대본이 더 필요하지. 진짜 실수하면 안 되니까."

나는 현수의 대본을 훑어보았다. 현수가 썼다고 믿어지지 않았다.

정말 방송국에서 일하는 방송 작가가 쓴 것처럼 근사해 보였다.

"이거 다 직접 쓴 거야?"

"어, 내가 썼어. 웃기지? 글쓰기라면 질색하던 나인데."

현수랑 방과 후 교실에서 글짓기 수업 듣던 게 생각났다. 현수는 책 읽기랑 글쓰기라면 고개를 절레절레 흔들던 애였다. 그런데 지금 이 대본은 되게 잘 썼다.

"다른 사람들 것도 찾아보고, 또 실제 방송국에서는 어떻게 대본을 만드는지 찾아봤거든. 사실 처음엔 거의 메모 수준이었는데 자꾸 하다 보니까 대본 쓰는 것도 요령이 생기더라고."

"그런데 오늘 방송 30분이라고 하지 않았어? 그러기엔 대본 분량이 좀 많아 보이는데."

"완벽하게 외우기도 힘들고, 또 대본을 보면서 방송하는 게 아니다 보니까 빼먹는 부분도 생기잖아. 그래서 대본은 좀 넉넉하게 썼어."

현수는 대본을 다시 한 번 읽어 보고, 방송 장비를 살펴보았다. 카메라의 위치와 각도를 확인하고, 마이크 상태, 그리고 컴퓨터 앞에 설치해 놓은 간이 조명과 음향을 책임져 줄 스피커와 오디오까지 꼼꼼히 살폈다. 그런 현수의 모습이 꼭 방송 전문가처럼 보였다. 현수가 방송 준비하는 모습과 비교하니 내가 한 건 장난 수준이었다.

"안녕하세요? 머리가 좋아지는 수 TV의 현수예요!"

방송 시작을 알리는 음악과 함께 현수가 인사말을 했다. 채팅 창에 벌써 많은 시청자들의 반응이 올라오기 시작했다. 현수는 하나도 떨지 않고 능숙하게 오늘 준비한 방송을 했다.

"제가 만들고 있는 게임이 곧 완성된답니다. 코딩을 배우면서 간단하게 만들어 보았던 게임을 선보인 적이 있는데요. 이번 게임은 그동안 보여 드렸던 것과는 차원이 달라요. 신라와 가야를 배경으로 하는 역사물인데 아주 흥미진진해요. 제가 만들고 있는 게임 궁금하시죠? 조금만 기다려 주세요! 자, 오늘도 함께해 주신 여러분께 감사의 인사를 드리며 지금까지 수 TV의 현수였습니다."

벌써 방송이 끝났다고? 나는 방송을 마칠 준비를 하는 현수를 보며 깜짝 놀랐다. 단 한순간도 지루함을 느낄 새 없이 30분이 휘리릭 지나가 버렸다. 현수가 너무 안정적으로 방송을 잘해서 시간이 가는 줄도 몰랐다. 라이브 방송인데도 떨림이나 긴장감을 하나도 느낄 수 없다니 신기했다.

"휴, 끝났다."

현수는 빙그레 웃더니 물을 한 잔 마시고는 곧바로 댓글을 살펴보기 시작했다. 현수는 방송을

하면서도 채팅 창에 올라오는 글에 바로바로 답을 해 줬다.

"바로 답글 다는 거야?"

"아무래도 답글은 빨리빨리 다는 게 좋을 것 같아서."

나는 이제야 알 것 같았다. 현수의 채널에 구독자 수가 꾸준히 늘어나는 이유를. 현수는 구독자들의 댓글을 살펴보고 방송에서 부족했던 점이 뭔지, 또 보완해야 될 점은 무엇인지 꼼꼼히 체크해서 노트에 정리했다.

고모를 봐도 그렇고, 현수를 봐도 그렇고 사람은 자기가 좋아하는 일을 해야 하는 것 같다. 그래야 진심을 다해 열심히 하고 즐겁게 노력하는 것 같다. 하기 싫은 수학 공부를 할 때나 영어 공부를 할 때의 현수와 지금의 현수 모습은 정말 다르다. 눈에서 반짝반짝 빛도 나는 것 같고 열정도 느껴지는 것 같다. 진심으로 좋아하면 저런 빛과 열정이

생기는 걸까? 나는 유튜브 크리에이터 일을 진심으로 좋아해서 하려는 걸까?

"너 아직 시간 괜찮으면 지난번에 촬영한 영상 편집하는 거 보여 줄까?"

현수가 내 마음을 들여다보기라도 한 걸까? 사실 오늘 현수네 집에 온 가장 큰 목적은 촬영한 영상을 편집하는 법을 배우는 것이었다. 예전에 현수가 지나가는 말로 편집하는 프로그램에 대해 얘기해 줬는데 그땐 마음이 급해서 그냥 흘려들었다. 얼른 영상을 올리고 구독자 수를 늘려 현수를 이길 생각만 했었으니까.

처음엔 태블릿 피시로 촬영을 했었다. 하지만 내 태블릿 피시는 학습용에 맞춰져 있어서 불편한 것이 있었다. 그래서 엄마한테 허락을 받고 스마트폰을 이용해 촬영을 해 보려는데 아무래도 편집 프로그램을 쓰는 게 좋을 것 같았다.

검색을 해 보니 편집을 하는 프로그램도 여러 가지가 있었다. 무작정 해 보는 것보다는 현수에게 조언을 들으면 나을 것 같았다. 그래서 현수가 라이브 방송을 하는 것도 보고, 현수에게 편집 프로그램도 배울 겸 놀러 온 것이다.

"나는 처음에 어도비 프로그램을 썼어. 그러다가 지금은 파워 디렉터를 쓰고 있어. 무료로 받을 수 있는 체험판이 있어서 구하기도 쉽고."

나는 현수가 알려 주는 것들을 차근차근 익혔다. 동영상 편집 프로그램을 잘 활용하면 스마트폰으로 찍은 영상을 가지고도 여러 가지 효과를 줄 수 있다.

"프로그램 설치도 쉽고 이용하는 것도 쉬워."

현수는 동영상 편집 프로그램을 활용해 자신이 찍은 영상에 순식간에 자막과 음향 효과를 넣었다.

"와, 완전 다른 느낌이네."

"그렇지? 방송국에서 만든 프로그램들도 편집 기술이 굉장히 중요하대. 참, 동영상 녹화 프로그램도 알려 줄까?"

"앗, 그런 것도 있어?"

코딩 교실에도 열심히 다니고 혼자 책 보면서 공부도 했다더니 현수가 꽤 능숙하게 컴퓨터 프로그램을 다루는 것 같았다. 현수는 작업에 필요한 프로그램에 대해 술술 말했다.

"자, 이거야. 난 반디캠이라는 걸 써. 좋은 콘텐츠는 즉흥적인 아이디어만으로는 못 만드는 것 같아. 기술적인 부분도 뒷받침되어야 하거든. 방송의 내용만큼 편집 기술도 좋아야 하는 거지. 물론 내용은 별 볼 일 없는데 화려한 편집 기술로만 방송을 채우면 안 되겠지만."

아, 알면 알아 갈수록 유튜브 크리에이터 일은 절대 만만한 게 아니었다. 어떤 일이든 그렇겠지만 잘하려면 준비도 많이 필요하고, 노력도 많이 해야 하는 것 같다.

라이브 방송을 위한 준비

　많은 크리에이터들이 정해진 날짜에 자신이 만든 영상을 업로드하는 한편 라이브 방송을 하기도 해요. 라이브 방송을 통해 시청자들과 조금 더 생생하게 소통하기 위해서이지요. 라이브 방송은 미리 촬영한 영상을 편집을 거쳐 업로드하는 방송에서는 느낄 수 없는 생동감을 시청자들에게 선사할 수 있답니다.

　라이브 방송을 하기 위해서는 어떤 것들이 필요할까요? 우선 방송을 하기 위한 기획서 혹은 대본이나 대본 역할을 할 콘티가 필요해요. 아무런 준비 없이 방송을 하다가는 돌발 상황에 부딪혀 크게 당황할 수 있거든요.

　어떠한 주제로, 몇 시간 혹은 몇 분 동안 라이브 방송을 할 것인지 계획을 세운 후에 간략하게라도 **대본을 준비**하는 것이 좋아요.

 방송에 필요한 **소품이나 음악도 미리미리 준비**해 두어요. 스마트폰을 이용해 촬영하는 경우에는 스마트폰의 상태를 잘 살펴요. 하지만 따로 카메라나 조명, 마이크, 스피커 등의 장비를 사용한다면 방송 전에 미리 준비하고 잘 작동하는지 확인해 두는 것이 좋아요.

편집 프로그램 활용하기

　영화나 드라마를 보다 보면 깜짝 놀랄 만큼 멋진 화면과 효과음에 절로 감탄이 나올 때가 있어요. 1인 미디어인 유튜브 채널에 올리는 영상에도 이런 것이 가능할까요?

　유튜브 채널에 올리는 영상도 편집을 어떻게 하느냐에 따라 많이 달라져요. 영상 편집이라고 하니까 굉장히 어렵고 전문적으로 느껴진다고요? 몇 가지 프로그램을 익히면 스마트폰으로 찍은 영상도 멋지게 꾸미고 손쉽게 편집할 수 있답니다.

　스마트폰만을 이용해 음악과 음향 효과 등을 넣으면 소음이 섞여 들어갈 수 있어요. 하지만 편집 프로그램을 활용하면 음악을 잡음 없이 적절한 위치에 삽입할 수 있어요. 또한 영상에 자막을 입히거나 영상 안에 다른 영상을 넣을 수도 있답니다. 물론 화려한 편집보다 중요한 것은 영상에서 다룰 주제예요. 영상의 주제와 내용이 적절하지 않다면 편집 프로그램을 활용해 아무리 멋들어지게 편집한다 해도 구독자들의 마음을 사로잡을 수 없겠지요? 몇 가지 편집 프로그램을 소개할게요.

윈도우 무비 메이커   누구나 쉽게 이용할 수 있고 무료라서 초보자가 쓰기에 좋아요. 하지만 비교적 간단한 편집만 가능하다는 단점이 있어요.

어도비 프리미어 프로   음향과 영상 편집 전문 프로그램이에요. 체험판 사용 기간이 끝나면 결제를 해야 사용할 수 있는 유료 프로그램이에요.

베가스   손쉽게 활용할 수 있으며 다양한 편집을 할 수 있어요. 하지만 한글 자막을 넣기가 어렵다는 단점이 있어요.

파워 디렉터   파워 디렉터 시리즈는 영상 편집에 필요한 기본적인 기능들이 잘 갖추어져 있어요. 무료 체험판을 받아 사용해 볼 수 있어요.

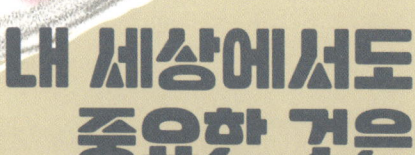

내 세상에서도 중요한 것은

　오랜만에 내 채널에 접속했다. 아무래도 채널을 없애야겠다는 생각이 들어서다. 너무 준비 없이 유튜브를 시작했던 것 같다. 댓글로 안 좋은 말을 들어서 속상하기도 했고, 이제는 현수보다 구독자 수를 늘려 보겠다던 마음도 시들해졌다. 그러니 더 이상 채널을 놔두는 게 의미가 없을 것 같다.

　배경 화면도 썰렁하고 영상 두 개만 덩그러니 올려져 있어 외롭고 쓸쓸해 보였다. 사람이 살지 않는 집 같다고나 할까? 그런데 신기한 건 내가 버려둔 동안에 누군가 다녀가고 영상을 보았는지 조회 수가 17로 늘었다. 순간 구독자 수가 10만에 달하는 현수의 채널이 떠올랐다.

　늘 북적이는 현수 채널에 비하니 내 채널은 무척 초라해 보였다. 아, 난 왜 자꾸 현수와 비교를 하는 걸까? 난 정말 오직 현수를 이기고 싶은 마음 때문에 유튜브를 시작한 걸까? 현수가 유튜브 크리에이터가 되어서 어른들한테 칭찬받는 게 배 아파서, 단지 그 이유 때문에?

어, 메시지다. 그것도 두 개씩이나 된다. 새로운 영상도 업로드되지 않는 채널에 메시지를 보낸 게 누굴까? 혹시 또 나를 욕하는 글은 아닐까? 나는 조금 긴장되는 마음으로 메시지를 클릭해 보았다.

앗, 서연이도 유튜브 시작했구나. 넌 나보다 책도 많이 읽고 상상력도 풍부하니까 더 멋진 방송을 할 수 있을 거야. 참, 유튜브 채널 꾸려 가는 것도 공부하는 것만큼 힘들어. 내가 만든 세상에 누군가를 초대하기 위해서는 내 세상을 멋지게 만들 필요가 있는 것 같아. 이솝 우화에 나오는 여우와 두루미처럼 손님을 초대해 놓고 황당하게 만들면 안 되잖아. 하긴 넌 뭐든 열심이니까 어련히 잘하겠지? 암튼 파이팅!

현수다. 현수가 내 채널에 다녀갔다. 나는 현수 채널을 뻔질나게 드나들면서 한 번도 응원의 메시지나 댓글을 남긴 적이 없었다. 현수는 내 채널을 보면서 무슨 생각을 했을까? 괜히 부끄럽다는 생각이 들었다. 또 다른 메시지는 엄마다. 엄마도 내 채널을 알고 있었나 보다.

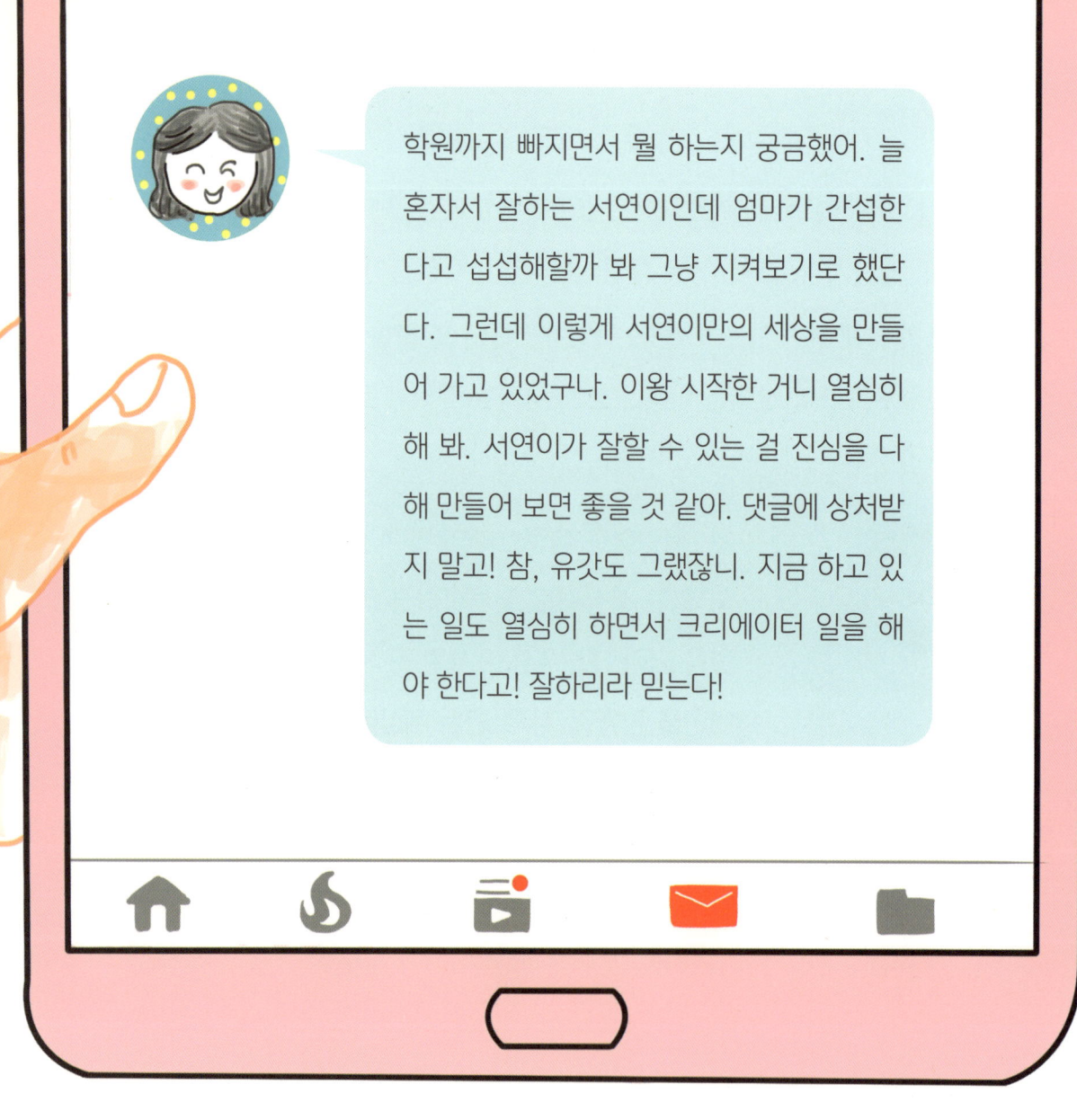

　혹시 내 영상의 조회 수 17 중 2가 현수와 엄마였을까? 갑자기 피식 웃음이 나왔다. 그런데 다시 생각해 보니 엄마와 현수를 빼도 열다섯 명이나 되는 사람이 내 영상을 본 것이다. 수많은 채널 중에 내 채널에 들어와 내 영상을 봐 준 사람들에게 고마운 마음이 들었다. 그런데 나는 책임감 없이 라이브 방송을 하기로 한 약속을 깨 버렸던 것이다. 내 공간이니까 내 마음대로 해도 된다고 생각했던 것 같다.

이제 와서 생각해 보니 내가 만든 내 공간이라고 전혀 책임감을 느끼지 않았던 것 같다. 난 유튜브를 시작하게 된 계기부터가 좋지 못했다. 유튜브가 어떤 공간이고, 어떤 마음으로 크리에이터 일을 해야 되는지에 대한 깊은 고민도 없었으니까.

나는 채널을 없애 버리는 대신 내 채널에 와서 내가 올린 영상을 봐 준 사람들에게 사과의 글을 쓰기로 마음먹었다. 지금 당장 채널을 삭제하는 게 중요한 게 아닌 것 같다. 삭제해 버리고 내 마음속에서 지워 버린다고 지워질 것 같지 않다. 잘 정리하지 못하고 삭제해 버리면 오히려 아주 오랫동안 부끄러운 기억 혹은 찝찝한 기억으로 날 괴롭게 할 것 같다.

나는 꽤 오랫동안 고민해서 한 글자, 한 글자에 마음을 담아 사과의 편지를 썼다. 다 쓴 후에도 몇 번이나 읽어 보고 나서 글을 올렸다. 글을 올리기 무섭게 누군가 내 글에 댓글을 달았다. 그 속도가 어찌나 빠른지 흠칫 놀랐다. 날 지켜보고 있었던 건 아닌가 하는 착각이 들 정도였다.

서연 양이 고민이 많았군요. 하지만 속상한 마음 때문에 너무 쉽게 포기하지 않았으면 좋겠어요. 진심은 늘 통하기 마련이랍니다. 크리에이터는 사람들의 관심과 사랑으로 성장하지만 그것만을 목표로 하면 절대 멋진 크리에이터로 성장할 수 없어요. 단순히 인기를 끌거나 돈을 벌기 위한 목적, 혹은 구독자 수를 늘리려는 생각만으로 크리에이터 일을 하는 것은 위험해요.

자신의 채널을 만든 후에는 성실함과 도전 정신, 그리고 끈기가 필요하답니다. 또한 크리에이터에게 제일 중요한 건 자신이 좋아하는 것을 잘할 수 있도록 노력하고 준비해 가면서 자신이 만든 세상을 멋지게 발전시켜 가는 것이에요.

먼저 자신에게 질문을 던져 보는 시간을 가졌으면 좋겠어요.

왜 서연 양이 크리에이터 일을 하고 싶은지 질문을 던져 보고 답을 찾아보면 좋을 것 같아요. 우리가 살아가면서 갖게 되는 많은 질문들 중 그 답이 우리 스스로에게 있는 경우가 생각보다 많거든요.
서연 양만의 개성과 아이디어가 넘치는 멋진 세상을 만들어 가는 크리에이터가 되길 바랄게요. 참, 학생의 본분인 성실한 학교생활과 성적 관리도 잊지 말길 바라요. 파이팅!

나는 마지막 글귀를 보며 웃음을 터뜨리고 말았다. 역시 유갓이다. 그런데 유갓이 어떻게 내 채널에 오게 된 거지? 기분이 얼떨떨하기도 하고 부끄러운 내 모습을 다 보인 것 같아서 창피하기도 했다. 하지만 유갓의 메시지를 읽고 또 읽으니 부끄러운 마음도 얼떨떨한 마음도 차분히 가라앉았다.

나에게 던지는 질문!

1. 나에게 유튜브란 무엇인가?
2. 나는 왜 유튜브 크리에이터가 되고 싶은가?
3. 내 채널에서 어떤 영상을 사람들에게 보여 주고 싶은가?
4. 그 영상을 통해 내가 말하고 싶은 것은 무엇인가?

현수, 엄마, 유갓. 모두에게 너무너무 고맙다는 생각이 들었다. 내 채널을 삭제하지 않고 사과의 글을 남긴 것은 참 잘한 일 같다. 나는 한 가지 더 잘한 일을 해야겠다는 생각이 들었다. 나는 노트를 펼쳤다. 그리고 나에게 던지는 질문 목록을 만들었다.

질문 목록을 다 만든 후에는 마음을 다잡고 질문에 대한 답을 써 내려갔다. 질문에 대한 답을 하나하나 적을수록 이상하게 마음이 후련해졌다. 마음이 후련해서일까? 연필을 쥔 내 손과 마음이 춤을 추는 것 같았다.

유튜브 크리에이터에게 중요한 것은?

유튜브 크리에이터로 성공하려면 어떤 것이 가장 중요할까요? 많은 사람들의 관심을 집중시킬 만큼 훌륭한 외모? 혹은 사람들이 배꼽을 잡게 만들 개그 본능이나 예능감? 또는 끼?

이런 것도 가지고 있으면 좋겠지요. 하지만 그보다 중요한 것은 **자신의 채널을 소중하게 여기는 마음**이에요. 자신이 만든 채널에 책임감을 가지고 성실하게 만들어 나가는 자세가 중요하답니다. 물론 어떤 일을 하든 **책임감과 성실함**이 필요하지만, 크리에이터는 더욱 그래요. 만든 사람조차 애정을 가지지 않는 채널에 누가 들어오고 싶은 마음이 들겠어요.

크리에이터가 책임감을 가져야 하는 이유는 또 있어요. 단순한 호기심이나 재미만으로 시작했다고 하더라도 자신의 채널에 많은 구독자가 생긴다는 것은 그만큼 영향력이 커진다는 거예요. 자신이 한 행동, 뱉은

말 하나하나가 다른 사람에게 영향을 끼칠 수 있다는 점을 기억하고 신중하게 영상을 만들어야 해요.

또 중요한 것은 도전 정신과 끈기예요. 성공은 한순간에 이루어지지 않아요. 처음부터 좋아요랑 조회 수, 구독자 수에 집착하지 마세요. 분명 크리에이터의 일은 많은 사람들이 부러워할 만한 요소를 가지고 있어요. 하지만 크리에이터에게 도전 정신, 노력과 끈기, 책임감이 없다면 사람들의 부러움은 물거품이 되고 말아요.

크리에이터를 꿈꾸고 있다면 잊지 않았으면 좋겠어요. 크리에이터에게 중요한 것이 무엇인지 말이에요.

유튜브 제대로 즐기기

전 세계에 유튜브 열풍이 불어닥쳤어요. 유튜브는 많은 사람들의 하루 일과에서 빼놓을 수 없는 존재가 되었지요.

유튜브 코리아에 따르면 유튜브에는 1분마다 400시간이 넘는 분량의 새 동영상이 올라온다고 해요. 아무리 유튜브를 좋아한다고 해도 이 영상들을 다 볼 수는 없지요. 그리고 올라오는 영상 중에는 자극적이고 폭력적인 내용을 담은 해로운 영상들도 많아요. 그래서 유튜브를 제대로 즐기려면 나름의 규칙이 필요하답니다.

우선 나에 대해 잘 알아야 해요. 내 관심사나 나에게 필요한 내용이 무엇인지 등 내게 맞는 기준을 세운 뒤 그 기준에 맞는 영상을 선택해서 보는 것이 좋아요. 조회 수가 높거나 유명한 크리에이터의 영상이라고 무조건 보는 것은 시간 낭비일 수 있어요. 짧은 영상이라고 생각 없이 보다 보면 온종일 아무것도 못 하고 유튜브만 보게 되는 경우도 허다하거든요.

그리고 이용하는 시간을 스스로 정해 놓는 게 좋아요. 유튜브 영상을 스마

폰으로 보는 경우가 많은데, 작은 화면을 오랜 시간 들여다보면 눈에 피로감이 쌓여서 시력이 안 좋아질 수도 있거든요.

　유튜브 세상에는 매일 수백, 수천 편의 영상이 계속해서 쏟아져 나와요. 이 중 내 흥미를 끌고 도움도 되는 영상을 잘 선택해서 보는 것이야말로 유튜브를 제대로 즐기는 방법이 아닐까요?